कोरोना क्यों?
कैसे करें सामना?

डॉ. एच. एल. माहेश्वरी

डायमंड बुक्स
www.diamondbook.in

प्रकाशक : डायमंड पॉकेट बुक्स (प्रा.) लि.
X-30 ओखला इंडस्ट्रियल एरिया, फेज-II
नई दिल्ली-110020
फोन : 011-40712200
ई-मेल : sales@dpb.in
वेबसाइट : www.diamondbook.in

CORONA KYUN? KAISE KAREIN SAMNA?
By : H.L. MAHESHWARI

प्रस्तावना

कोविड-19 जिसे कोरोना के नाम से ज्यादा जाना जाता है, के एक विषाणु यानी वायरस ने पूरे विश्व में कोहराम मचा रखा है। दुनिया का कोई भी देश ऐसा नहीं बचा है, जिसमें इसका प्रवेश, न हुआ हो? कल तक जो देश अपनी सैन्य शक्ति, आणविक शक्ति, धन सम्पत्ति, विज्ञान व तकनीकी शक्ति के अहंकार में फूले नहीं समा रहे थे, वे भी आज एक वायरस के समक्ष घुटने टेकने के लिए मजबूर हैं, असहाय हैं। आज मनुष्य एकदम निरीह, लाचार, उत्तेजनाओं से पीड़ित और परेशान हैं। कोरोना दानव की विभीषिका और भय से असंतुलित हो गया है। मानव मन की शांति, प्रसन्नता, आत्मसंतुष्टि और आनंद तिरोहित हो गए हैं।

अभी तक विश्व भर में कोरोना वायरस की चपेट में 8.04 करोड़ से अधिक लोग आ चुके हैं और 17.62 लाख से अधिक लोगों की मृत्यु हो चुकी है। अकेले भारत में एक करोड़ 30 लाख संक्रमित होने वाले लोगों की संख्या है, जिनमें से एक लाख पचास हजार से अधिक लोगों की मृत्यु हो चुकी है। वायरस से संक्रमित होने और मृत्यु होने का यह सिलसिला समाप्त नहीं हुआ है, लगातार चालू है और आगे बढ़ रहा है।

संक्रमण की रोकथाम के लिए लॉकडाउन किया गया था। लॉकडाउन काल में तनाव, व्याकुलता एवं अवसाद के मामले तेजी से उभर कर सामने आ रहे थे। उस समय सभी आर्थिक गतिविधियाँ 'लॉक अप' में थीं, बाद में उनकी थोड़ी शुरुआत हुई, वो भी मंथर गति से?

कोराना ने उद्योग-धंधे पूरी तरह से चौपट कर दिए, बड़ी संख्या में लोग अपनी रोजी-रोटी खो बैठे हैं। बेरोजगार लोगों की एक बड़ी फौज तैयार हो गई है। लाखों लोग डिप्रेशन के शिकार हो गए हैं, आत्महत्या करने वालों की संख्या में भी तेजी से बढ़ोतरी हुई है। आज यानी कोरोना काल में आदमी जी तो रहा है, लेकिन पूरे मन से नहीं। उसके मन में भय है, आशंका है और संभावित खतरे से डरा हुआ है कि कहीं कोराना वायरस उस पर आक्रमण न कर दे!

क्यों आयी यह महामारी?

आखिरकार कोरोना महामारी, त्रासदी जिसने पूरे विश्व को अपनी चपेट में ले रखा है, क्यों आई? यह किसकी करतूत है?

इसी प्रश्न के उत्तर के लिए लोगों को सावधान करने और भविष्य में इस तरह की महामारी से आगामी पीढ़ी को बचाने के उद्देश्य से यह पुस्तक - 'कोरोना क्यों? - कैसे करें सामना? लिखी गई है जो जनसामान्य और जिज्ञासुओं को प्रत्येक प्रश्न का तर्क सम्मत जवाब देती है। लोगों को इस प्रकार की महामारी से बचाव का रास्ता बताती है ताकि स्वयं सुरक्षित रहें और आगामी पीढ़ी को इससे बचा सकें। साथ ही पुस्तक एक पुरातन फिल्मी गीत के माध्यम से आपको आश्वस्त कर रही है -

"गम की अंधेरी रात में दिल को न बेकरार कर,
सुबह जरूर आयेगी, सुबह का इंतजार कर।"

पुस्तक को लिखने में मेरी जीवनसंगिनी श्रीमती लक्ष्मी माहेश्वरी, पुत्र डॉ. पंकज एवं पुत्र वधू डॉ. श्रद्धा माहेश्वरी, पुत्री डॉ. सपना माहेश्वरी (यू.के.) द्वारा दिये गये सहयोग एवं प्रेरणा के प्रति उनका आभारी हूँ। आभारी हूँ मैं उन सभी समाचार पत्र-पत्रिकाओं का जिनसे मिली जानकारी पुस्तक लिखने में सहायक रही है। वरिष्ठ साहित्यकार डॉ. शिव चौरसिया से मिले मार्गदर्शन के लिए मैं उनके प्रति अपनी कृतज्ञता व्यक्त करता हूँ।

पुस्तक में लिए गये उदाहरण, उद्धरण, शेर-शायरी, शोध रिपोर्ट्स आदि के स्रोत नोट नहीं कर पाया हूँ, लेकिन उन सभी के प्रति हृदय से आभार व्यक्त करता हूँ।

डॉ. एच. एल. माहेश्वरी

निवास:
11, महावीर नगर, विद्यानगर के पास,
सांवेर रोड, उज्जैन (म.प्र.)
मोबाईल: 9827265724
ईमेल: hlujjain@yahoo.co.in

अनुक्रम

1. कोरोना का ताण्डव - दुनिया भयभीत और लाचार

"जिन्दगी में कितना ही मुश्किल का दौर क्यों न आए इन्सान उससे बाहर निकलने का रास्ता खोज लेता है, शर्त सिर्फ इतनी है कि वह धैर्य रखे और हालात के आगे हारे नहीं।" - स्टीफन हाकिंग

एक विषाणु यानी कोरोना वायरस के ताण्डव ने पूरे विश्व में कोहराम मचा रखा है। दुनिया का कोई भी देश ऐसा नहीं बचा है जिसमें इसका प्रवेश न हुआ हो। इसने पूरी दुनिया को लॉकडाउन कर दिया। कल तक जो देश अपनी सैन्य शक्ति, आणविक शक्ति, धन शक्ति, विज्ञान व तकनीकी शक्ति के अहंकार में फूले नहीं समा रहे थे, वे भी आज एक वायरस के समक्ष घुटने टेकने को मजबूर हो गए। दुनिया के ताकतवर देशों की ताकत भी आज कोरोना के कहर के समक्ष नतमस्तक हो त्राहिमान कर रही है। एक वायरस के कारण मानो पूरी दुनिया थम सी गई है। समय रुक गया है।

महामारियाँ तो हर सौ-डेढ़सौ साल में आती ही हैं, मगर पूरे विश्व को एक साथ चपेट में लेने वाली कोरोना महामारी पहली बार आई है। इसलिए पहली बार यह महसूस किया गया कि विकसित होना, समृद्ध होना और सामारिक दृष्टि से ताकतवर होना, किसी राष्ट्र या समाज के सुखमय होने की गारंटी नहीं है।

दुनिया में तबाही मचाने वाली इस कोरोना वायरस महामारी की पहचान में चीन के सांईटिस्ट झांग योगझिन ने महत्त्वपूर्ण भूमिका निभाई है। झांग की टीम ने पहले कोविड-19 के जीनोम-जेनेटिक संरचना की जानकारी प्रकाशित कर दी थी। इस डेटा की सहायता से वैज्ञानिकों ने जनवरी, 2000 में ही वायरस का पता लगाने के टेस्ट किट बना लिए थे। इस कारण चीन और अन्य देशों ने संक्रमण और बीमारी की पहचान के बीच की दूरी को कम कर दिया।

कोराना वायरस का पहला केस 17 नवम्बर, 2019 को चीन के वुहान शहर में मिला था। भारत में पहला मरीज 30, जनवरी 2020 को मिला था और संक्रमण से पहली मौत 12 मार्च, 2020 में हुई थी।

अमेरिका में कोरोना का ताण्डव:

अमेरिका में कोरोना संक्रमण बेकाबू होता दिख रहा है। कई बार तो एक-एक दिन में एक-एक लाख से भी अधिक मरीज सामने आए हैं। अमेरिका में जिन प्रान्तों में रिकार्ड संख्या में मरीज सामने आए हैं उनमें इंडियाना, कंसास, मिनिटोना, मिसौरी नेब्रास्का, नार्थ डकोटा, अहियो मुख्य हैं। संक्रमण रोकने के लिए कुछ शहरों और प्रान्तों में कर्फ्यू लगा दिया है।

अमेरिका में अब तक 1.93 एक करोड़ से अधिक मरीज सामने आ चुके हैं और 3.4 लाख से ज्यादा लोगों की मौत हो चुकी है। दुनिया भर में फैली कोरोना महामारी से यदि कोई सर्वाधिक प्रभावित हुए हैं, तो वे बुर्जुग ही हैं। अमेरिका संस्था सेंटर फॉर डिसीज कन्ट्रोल एंड प्रिबेंशन द्वारा प्रकाशित रिपोर्ट के अनुसार अमेरिका में कोरोना वायरस के संक्रमण से मरने वाले हर 10 में से 8 लोगों की उम्र 65 साल या इससे अधिक है। यानी 80 प्रतिशत मौत बुजुर्गों की हो रही है। रिपोर्ट के अनुसार जैसे-जैसे व्यक्ति की आयु बढ़ती है, उसके लिए संक्रमित होने के खतरे बढ़ते जाते हैं। अमेरिका के स्वास्थ्य विभाग के अधिकारियों के अनुसार अमेरिका में हालात तब तक सामान्य नहीं हो सकते जब तक कि बड़ी आबादी को वैक्सीन उपलब्ध न हो जाए।

यूरोप में कोरोना का कहर

यूरोप में कोरोना की दूसरी लहर से हालात बिगड़ने लगे हैं मरीजों की संख्या दो करोड़ बीस लाख से ज्यादा हो गई है। यहाँ हर तीन दिन में दस लाख से ज्यादा मरीज सामने आ रहे है। बेल्जियम में फिर से 45 दिन तक लॉकडाउन लगाया गया है। ब्रिटेन में कोरोना के मामले बढ़ने पर दोबारा लॉकडाउन कर दिया गया है। यहाँ लॉकडाउन तोड़ने पर हर बार 20 हजार रूपये जुर्माना लगता है।

यूरोपीय देशों में एक देश के मरीज दूसरे देश के अस्पतालों में शिफ्ट किए जा सकेंगे इसके लिए स्पेशल फंड ट्रान्सफर स्कीम लॉन्च की गई है। इस बारे में यूरोपीय देशों ने एक समझौता किया है।

लॉकडाउन के बाद यूरोप

यूरोप के कई शहरों में लॉकडाउन से उबरने के बाद सड़कों पर रातोंरात कारों के लिए ट्रैफिक वैरियर और साइकिल ट्रेक बना दिए गये। लन्दन, पेरिस या मिलान हर जगह साइकिल की सवारी यात्रा सबसे पसंददीदा माध्यम बन गई है। ये कोरोना साइकिल मार्ग काम पर लौटने पर लोगों के लिए लाइफ लाइन बन गए हैं। सोशल डिस्टेटिंग के इस दौर में जब लोग सार्वजनिक

परिवहन को लेकर डरे हुए हैं इसके बावजूद भी पूरी सावधानी और जागरूकता न रखने के कारण संक्रमण का फैलाव ज्यादा हुआ है।

कोरोना वायरस के मामलों में हालिया वृद्धि ने एक बार फिर से वायरस के प्रसार को नियंत्रित करने के लिए लॉकडाउन के उपायों को दुबारा लागू करने के लिए मजबूर किया है।

यूरोप के कुछ देशों में कोरोना महामारी की स्थिति -

- चेक रिपब्लिक में स्थिति सर्वाधिक चिंताजनक। पूरे महाद्वीप में कोरोना संक्रमण के नए मामलों की दर सबसे अधिक।
- आयरलैंड में 6 सप्ताह के लिए देश में सख्त प्रतिबंध।
- पोलैंड में पिछले कुछ सप्ताह से प्रतिदिन संक्रमण के 10 हजार नए मामले सामने आ रहे हैं।
- वेल्स में दो सप्ताह के लिए नेशनल लॉकडाउन लागू किया गया है।
- स्विट्ज़रलैंड में मास्क पहनना अनिवार्य। 15 से अधिक लोगों के जमा होने पर प्रतिबंध।
- नीदरलैंड में 14 अक्टूबर से सभी बार, रेस्त्रां और कॉफी शॉप बंद।

फ्रांस में राष्ट्रव्यापी लॉकडाउन लागू। संक्रमण के रिकॉर्ड मामले।

- इटली में नए प्रतिबंध लागू किए। यहाँ भी संक्रमण के रिकार्ड मामले।
- जर्मनी में लोगों के जमा होने पर प्रतिबंध से लेकर, हाई रिस्क वाले देशों से लौटे लोगों के कोरोना टेस्ट जैसे नए नियम लागू किए गए हैं।

भारत की तुलना में यूरोप में संक्रमण का प्रभाव ज्यादा क्यों?

भारतीयों की अनुवांशिक विविधता यूरोप से कहीं ज्यादा है। इस उच्च स्तरीय विविधता के कारण हमारी खतरनाक बीमारियों से बचने की अधिक संभावना होती है। जिनमें अधिक परिवर्तनशीलता ''योग्यतम की उत्तरजीविता'' में सफल होने और जीवित रहने की अधिक संभावना बनी होती है। दूसरी तरफ एसीई-2 जी जोकि वायरस के लिए गेटवे का काम करता है, यूरोप में 20 प्रतिशत लोगों की तुलना में हमारी 60 प्रतिशत जनसंख्या में बहुत मजबूत है।

मार्शल आईलैंड में भी पहुँचा कोरोना:

प्रशान्त क्षेत्र का एक छोटा सा देश है मार्शल आईलैंड, जहाँ की आबादी लगभग 78,000 है। अभी तक वह कोरोना वायरस की पहुँच से दूर था किन्तु अब वहाँ से 35 साल की एक महिला और 46 साल का पुरुष कोरोना पॉजीटिव पाए गये हैं। इस कारण वहाँ भी कम्युनिटी ट्रांसफर का खतरा बढ़ गया है।

भारत में कोरोना की स्थिति:

भारत में कोरोना वायरस से संक्रमित लोगों की संख्या 1.20 एक करोड़ के करीब पहुंच चुकी है और इससे मरने वालों की संख्या 1,50,000 से अधिक हो गयी है। भारत में राजधानी दिल्ली में पिछले कुछ समय कोरोना के क्षेत्र में रिकार्ड प्रकरण मिल रहे हैं। यहाँ संक्रमण के 8000-9000 से अधिक मामले आ रहे हैं। ऐसी स्थिति देखते हुए दिल्ली हाईकोर्ट ने सार्वजनिक स्थलों पर छठ पूजा करने पर रोक लगा दी थी। साथ ही कहा था "जिन्दा रहे तो कभी भी कोई पर्व मना सकेंगे।" उसके अलावा कर्नाटक, केरल, राजस्थान, छत्तीसगढ़ और पश्चिमी बंगाल में भी नए प्रकरण सामने आए हैं।

नेशनल एक्सपर्ट ग्रुप ऑन वैक्सीन एडमिनिस्ट्रेशन फॉर कोविड-19 के नेशनल मुखिया वी.के. पाल का कहना है कि अभी भी 90 प्रतिशत भारतीय ऐसे हैं जिन्हें संक्रमण का खतरा बना हुआ है।

कोरोना आंधी-मौत का पैगाम:-

वरिष्ठ साहित्यकार एवं ख्याति नाम कवि डॉ. शिव चौरासिया ने मालवी गीत के माध्यम से पूरे विश्व में चल रही कोरोना आंधी का वर्णन बड़े ही सटीक ढंग से किया है-

मौत बनी कोरोना आंधी

आखी दुनिया बहरी माढ़ी
मोत बनी कोराना आंधी!
पूरब-पच्छम, उत्तर-दक्खन, भोत बुरा हे ईं का लच्छन।
मिलवा-जुलवा से या फेले, फेर मरण की होली खेले।
ईं से जो बचना चावो तम, मास्क लगाई बाहर जावो तम।
आज उछली री जम की दादी
मौत बनी कोराना आँधी।
साँस-ताप, वे सूखी खाँसी, मती करो फिर चूक जरा सी।
इलाज कराबो, जल्दी दोड़ों, अस्पताल से नातो जोड़ो।
भगी जायगा या बीमारी, दो गज दूरी है हुसियारी।
बने चुडेलन नर की बाँदी।
मौत बनी कोराना आँधी।

दुनिया के सभी देश - एक नाव पर सवार

यूरोप, अमेरिका, एशिया में कोरोना ताण्डव क्या कहर ढा रहा है, पड़ोसी

देशों में क्या स्थिति है? इसमें सबकी दिलचस्पी बराबर बनी हुई है। सब एक नाव पर सवार हैं। पता रखा जा रहा है कि कौन सा देश क्या कर रहा है, वहाँ लोग स्थितियों से कैसे निपट रहे हैं।

पूरी दुनिया कोरोना जैसी मुसीबत से एक साथ जूझेगी कभी किसी ने भी ऐसा सोचा था? हम एक होंगे वो भी क्या इस तरह कि देखेंगे - दूसरे देशों में कितने कोरोना संक्रमित हैं? वहाँ लॉकडाउन में क्या कर रहे हैं और कोरोना से कितने लोगों की मौत हो चुकी है।

कोरोना वायरसः एक भयंकर उपहार

प्रकृति की जो विशाल शक्ति कोरोना ताण्डव में छिपी हुई है उसके सामने हमारी हैसियत कुछ भी नहीं है। अपनी असाधारण प्रकृति के कारण यह मानव इतिहास में बहुत ही विध्वंसकारी है। शरीर में प्रवेश करने के बाद जब तक यह अपनी लाखों प्रतिकृति नहीं बना लेता, तब तक व्यक्ति को यह पता ही नहीं चल पाता कि वह बीमार भी है। ऐसे में वह इसी दौरान अनजाने में सम्पर्क में आए अनेक लोगों को ''वायरस का उपहार'' भेंट कर चुका होता है। ऐसे अनोखे उपहार से बचने की आवश्यकता है।

2. मानव ने छोड़ी मानवता, ओढ़ी दानवता, आ धमकी कोरोना महामारी

मत पूछ इस सदी ने हमको क्या दिया है,
इंसान से बड़ा अब पैसा बना दिया है।
जिसमें लिखी थीं इंसानियत की बातें,
किताब से वो पन्ना हटा दिया है।।

विश्व के समस्त देशों की जनसंख्या कुल मिलाकर 761 करोड़ है। इसमें प्रतिवर्ष 1.10 प्रतिशत की दर से वृद्धि हो रही है। यानी प्रतिवर्ष 8.30 करोड़ जनसंख्या बढ़ जाती है। वर्ष 1800 में पूरे विश्व की जनसंख्या केवल 100 करोड़ थी, जो अब 761 करोड़ तक पहुंच गयी है। भारत की जनसंख्या 140 करोड़ होने का अनुमान है। भारत में जनसंख्या वृद्धि दर 1.9 प्रतिशत है।

बढ़ती जनसंख्या भारत ही नहीं, विश्व के अधिकांश देशों में एक बड़ी समस्या बन चुकी है। भारत में तो जनसंख्या वृद्धि दर कम करने के लिये सरकार द्वारा कई कदम उठाये गये हैं। केन्द्रीय स्वास्थ्य मन्त्रालय एवं महिला एवं बाल विकास मन्त्रालय जनसंख्या नियन्त्रण के लिये प्रयासरत हैं। लोगों को परिवार नियन्त्रित करने के लिये कई प्रकार से प्रोत्साहित किया जा रहा है। पहले हम दो हमारे दो और बाद में हम दो हमारा एक का नारा दिया गया, किन्तु जनसंख्या पर नियन्त्रण होना सम्भव नहीं हो पा रहा है।

विचित्र विरोधाभास

यह बड़ी ही विडम्बना है कि एक ओर जहाँ विश्व की जनसंख्या लगातार बढ़ रही है, वहीं दूसरी ओर 'मानव संख्या' का ग्राफ तेजी से नीचे गिर रहा है। यहाँ तक कि मानव जाति विलुप्ति के कगार पर पहुंचने को है। यदि समय रहते इस बारे में सचेत होकर हम प्रयत्न नहीं करते हैं तो वह दिन दूर नहीं, जब मानव और मानवता इतिहास की बात रह जायेगी।

मानव और मानवता विलुप्ति के कगार पर कैसे?

इसे जानने के लिये पहले यह जानना जरूरी है कि मानवता क्या है? उसके गुणधर्म या विशेषताएँ क्या हैं? साथ ही, मानवता और दानवता के बीच अन्तर को समझा जाए। ताकि, विषयवस्तु स्पष्ट हो सके।

मानवता से आशय

हिन्दी में हम मानवता या मनुष्यता कहते हैं, उर्दू में इंसानियत, गुजराती में माणसाई और मराठी भाषा में इसे माणुसकी कहा जाता है। इस मानव या मनुष्य में मानवता या मनुष्यत्व नहीं है, आ माणस में माणसाई नथी या इस इंसान में इंसानियत नहीं है, ये सभी वाक्य एक ही अर्थ को प्रकट करते हैं।

शब्दकोष के अनुसार धर्म का तात्पर्य जन्मजात स्वाभाविक गुण से होता है। जैसे, अग्नि का धर्म दहकना है, जल का धर्म शीतलता है, इत्यादि। यदि अग्नि दहकना छोड़ दे तो वह अग्नि नहीं रह जायेगी। जल यदि शीतलता का त्याग कर दे तो वह जल नहीं रह जायेगा। इसी प्रकार मनुष्य का भी कोई जन्मजात गुण होना चाहिए और ऐसा ही है, वह धर्म है- मानवता या इंसानियत।

मानव और मानवता में उतना ही अन्तर है, जितना कि मिट्टी और प्याले में है। मिट्टी जब तक प्याले या कप का रूप नहीं लेती, तब तक वह लोकोपयोगी भी नहीं होती। यदि आपको चाय पीना है तो मिट्टी में नहीं पी सकते, किन्तु जब वह प्याले का रूप लेती है, तभी आप उपयोग कर सकते हैं। मानव शरीर यह भी एक मिट्टी है, किन्तु मानवता के रूप में वह मिट्टी ढल जाती है तो वह देवों के लिए भी प्रिय हो जाती है।

एक पर्स या बटुआ है, उसकी कीमत बीस रुपये है। यदि उसमें बीस हजार रुपये के नोट भर दिये जायें तो अब उसकी कीमत बीस हजार रुपये होगी। यह मानव शरीर तो खाली बटुआ है, किन्तु उसमें दया, प्रेम, परोपकार और करूणा के सदगुण उतर आयें तो उसकी कीमत सहस्र गुणा बढ़ जाती है।

इंसानियत या मानवता का माप (Measuring Scale)

हम सब जानते हैं कि हर पदार्थ को मापने के पैमाने, मापदण्ड अथवा मीटर बने हुए हैं। तापक्रम को हम थर्मामीटर से मापते हैं। हवा के दबाव को बैरोमीटर से मापा जाता है। तरल पदार्थ की मात्रा को लीटर में तथा सड़क की लम्बाई को किलोमीटर में मापते हैं। क्या कोई ऐसा पैमाना या माप (Measuring Scale) है, जिससे यह जाना जा सके कि किसी व्यक्ति में कितनी इंसानियत या मानवता है या वह मानव धर्म का कितना पालन कर रहा है

अथवा यह कहें कि एक समाज या देश की इंसानियत की पहचान कैसे कर सकते हैं।

मानव का व्यवहार या उसके कार्यकलाप ही, वह कसौटी या मापदण्ड हैं, जिससे मानवता या इंसानियत की पहचान की जा सकती है। मनुष्य को देखा जा सकता है, किन्तु मानवता कोई ऐसी चीज नहीं है, जिसे दिखलाया जा सके। इसका ज्ञान तो हम मनुष्य के जीवन-व्यवहार में कर सकते हैं। शक्कर की मिठास को देखा नहीं जा सकता है, उसे चखकर उसका अनुभव किया जा सकता है। उसी प्रकार मनुष्य यदि ऐसे कर्म करता है, जो मानवता की कसौटी पर खरे उतरते हैं तो हम कह सकते हैं कि वह मनुष्य सच्चा मानव या इंसान है और उसमें मानवता या इंसानियत विद्यमान है।

मानवता या इंसानियत की माप, पहचान या विशेषता की परख के लिये सर्वप्रथम महापुरुष एवं विद्वानों द्वारा मानवता की दी हुई परिभाषाओं पर दृष्टिपात करना और उन्हें समझना होगा। इसके साथ ही मानवता और दानवता के बीच के अन्तर को जानने के लिए मनुष्य द्वारा किये जा रहे अमानवीय एवं दानवी कृत्यों का लेखा-जोखा देखना होगा, तब ही यह स्पष्ट हो सकेगा कि कैसे मानव मानवता त्याग कर दानवता की ओर अग्रसर हो दानवी कृत्य करता जा रहा है।

मानवता की विभिन्न विद्वानों द्वारा दी गयी परिभाषा, विशेषताएँ या लक्षण

स्वामी रामतीर्थ

कोयल घोर जंगल में सुमधुर स्वर में क्यों गाती है? मालती का पुष्प अरण्य में किसे रिझाने को खिलता है? वृक्ष सुस्वादु फल किस लालच से देते हैं? नीम खाकर भी गायें मीठा दूध किसके भय से देती है? ऐसा करना उनका गुणधर्म है। मानव भी किसी को दिखाने के लिये उक्त उत्तम कार्य नहीं करते। उत्तम कार्य करना और सबके साथ सद्व्यवहार करना तो उसका गुणधर्म है, जिसे मानवता कहा जाता है।

स्वामी दयानन्द सरस्वती

जितने मनुष्येतर प्राणी हैं, उनमें दो प्रकार का स्वभाव देखा जाता है- बलवान से डरना और निर्बल को डराना और उसे पीड़ा देकर अर्थात् उसके प्राण तक निकालकर अपना मतलब साध लेना। जिस मनुष्य का ऐसा ही स्वभाव है, उसे तो इन्हीं मानवेत्तर प्राणी में गिनना उचित है। मनुष्य का निजी

गुण तो निर्बलों पर दया करना तथा उन्हें पीड़ा देने वाले अधर्मी बलवानों से तनिक भी भय या शंका न करके उन्हें दुष्कर्म से हटाकर तन-मन-धन से सर्वदा निर्बलों की रक्षा करना, यही तो मानवता है।

लॉयड शीमरर

छोटे के साथ नरमी से, बुजुर्गों के साथ करूणा से, संघर्ष करने वालों के साथ हमदर्दी से और कमजोर व गलती करने वालों के साथ सहनशीलता से पेश आना मानवता के लक्षण हैं। क्योंकि, हम अपने जीवनकाल में कभी न कभी इनमें से किसी न किसी स्तिथि से गुजरते हैं।

आचार्य पंडित श्रीराम शर्मा

नैतिक जीवन की ओर कदम बढ़ाना वास्तव में मानवता की ओर कदम बढ़ाना है। जो व्यक्ति नैतिक मार्ग पर चलता है, उसका सारा समाज अनुयायी हो जाता है। विभीषण रावण का सगा भाई था, फिर भी वह राम का अनुयायी बन गया था। जीवन का सारभूत तत्त्व नैतिक जीवन ही है।

परोपकार, प्रेम, दया और त्याग के शुभ विचारों से अपना हृदय भरपूर रखो। किसी की सक्रिय सहायता न कर सको तो भी दूसरों के लिये दो बूंद सहानुभूति के आँसू बहा दो। तुम्हारे विचार जितने पवित्र होते जायेंगे, उतना ही तुम्हारा हृदय मानवता का आशियाना बनता जायेगा।

लाभ मुनिजी महाराज

मनुष्य एक सामाजिक प्राणी है। वह समाज से ग्रहण करता है और समाज को देता है। उसे सहयोग की आवश्यकता होती है और सहयोग करना उसका भी कर्तव्य है। उसके सुख-दुःख में अन्य लोग भागीदार होते हैं, इसलिए अन्य लोगों के सुख-दुःख में सहानुभूति प्रदर्शित करना, उसकी सहायता करना, उसका धर्म है। स्वार्थ का परित्याग करके सेवा का मार्ग अपनाना ही मानव की मानवता है।

भले मानव की तलाश

आज के युग में नर पामर तो बहुत हैं। श्रेष्ठ मानवों का अभाव है। ग्रीस के डायोजिनिस भरी दोपहरी में जलती लालटेन लेकर चारों ओर नजर दौड़ाते चल रहे थे। दर्शक उन्हें जानते थे, समझे, इनकी कोई चीज खो गयी है। वे भी उनके साथ हो लिये। थोड़ी दूर चलकर साथ चले दर्शकों ने पूछा- ''क्या तलाश कर रहे हैं आप? दिन में लालटेन की क्या जरूरत पड़ी है?''

डायोजिनिस ने कहा, ''मुझे एक भले मानस की जरूरत थी, सो आप लोगों के चेहरे पर प्रकाश डालते हुए आगे बढ़ता जा रहा हूं।'' बात को आगे जारी

रखते हुए कहा, ''अब तक कि जांच-पड़ताल में धनी, विद्वान्, शिल्पी, व्यवसायी, मजदूर आदि तो अनेक मिले, पर भला मानव एक भी नहीं मिला। इसी तलाश में मैं आगे बढ़ता जा रहा हूं।''

मानवता के बिना सभी डिग्रियां बेकार

महाविद्यालयों और विश्वविद्यालयों से प्रतिवर्ष लाखों युवक-युवतियां उत्तीर्ण होते हैं। प्रतिवर्ष डॉक्टर, इंजीनियर, वकील आदि की उपाधियां वितरित की जाती हैं, पर मानवता की परीक्षा में उत्तीर्ण होने वाले कितने विद्यार्थी मिलेंगे? और मानवता की परीक्षा लेने वाली कितनी यूनिवर्सिटियां हैं? डॉक्टर, इंजीनियर, वकील बनाने वाली यूनिवर्सिटीज आपको मिल सकेंगी, किन्तु मानवता की यूनिवर्सिटी कहाँ है? याद रखिये, मानवता के बिना सारी डिग्रियां फीकी हैं।

एक व्यक्ति 'मानव' तब बनता है, जब उसमें मानवीय गुण आते हैं, जब वह अच्छे काम करता है, न कि वह गलत काम नहीं करता। नैतिक मूल्यों वाला व्यक्ति वही होगा, जिसमें सच्चाई, दया, साहस, निष्ठा, दूसरों के भाव समझने की क्षमता, विनम्रता, ईमानदारी और वफादारी जैसे गुण होंगे। इन विशेषताओं वाले व्यक्ति सच्चे मानव क्यों माने जाते हैं? ऐसा इसलिये है, क्योंकि ऐसे लोग ही भरोसेमंद होते हैं, न्याय के लिये खड़े होते हैं, जरूरतमंद की सहायता करते हैं, अपनी और आसपास के लोगों की जिन्दगी बेहतर बनाते हैं।

मानवता विहीन मानव सर्प से अधिक भयानक, शेर से ज्यादा क्रूर

मानव शरीर कितना सौम्य है, उसकी देह पर हिंसा का एक भी चिह्न नहीं है। न उसके पास सिंह जैसे नख ही हैं, न कुत्ते जैसे फाड़ खानेवाले तीखे दांत ही। गाय यद्यपि सीधा और सरल पशु माना जाता है, फिर भी उसके पास हिंसा के साधन के रूप में तीखे सींग हैं। शेर के पास तीखे पंजे हैं, जिनके द्वारा वह शिकार करता है। कुत्ते के पास फाड़ खानेवाले दांत हैं, किन्तु मानव की देह, कितनी रम्य है। वह अहिंसा का प्रतीक है। किन्तु, उसी सौम्य मानव ने एटम बम जैसे भयानक संहारक शस्त्रों का निर्माण किया है।

सर्प भयंकर जीव है, उसकी दाढ़ में भयंकर जहर है जो मानव के प्राण भी ले लेता है। किन्तु, सोचना यह है कि सर्प से काटे हुए व्यक्ति अधिक मरे या मानव के काटे हुए। इतिहास बताता है कि मानव ने जितने मानवों का संहार किया, उतना पशुओं ने नहीं किया। हकीकत तो यह है कि मानवता विहीन मानव सर्प से भी अधिक भयानक है और सिंह से अधिक क्रूर है।

राक्षसी मनुष्य को पशु कहना, पशुओं का अपमान

किसी मनुष्य को यदि पशु कहा जाता है तो वह खीज उठता है। मानव के लिये पशुत्व का प्रयोग होता है तो उसमें उसके लिये शरमाने की बात होती है, किन्तु इसमें मानव के लिये ही नहीं, पशु के लिये भी शरमाने की बात है। एक विचारक का कथन है- ''यदि मानव में नैतिकता का प्रदीप जल रहा है, उसका मन स्वार्थ के कटघरे से मुक्त है, दूसरे को दर्द में देखकर उसके दिल में भी दर्द की अनुभूति होती है। ऐसे मानव को मैं देव कह सकता हूं, किन्तु सत्ता और स्वार्थ की भूख में जिसने मानवता की हत्या की है। दूसरों को कुचलकर जिसके मुख पर मुस्कान दौड़ती है। दूसरों को छटपटाते हुए देखकर उसके हृदय में हर्ष की हल्की-सी गुदगुदी चलती हो, ऐसे मानव को मैं पशु भी नहीं कह सकता, क्योंकि यह पशुजगत् का अपमान है।

माना कि पशु असभ्य जगत् में पलता है, इसलिये पशुओं को हम असभ्य कहते हैं और शेर को सभ्यतम। किन्तु, असभ्य शेर में भी इतना विवेक तो है कि वह अपने सजातीय पशु का शिकार नहीं करता, किन्तु सभ्यता और संस्कृति उच्च स्वर में उदघोष करनेवाला मनुष्य अपने सजातीय मानव का इस ढंग से शिकार करता है कि शैतान शरमा जाये। यह है मानव सभ्यता का नमूना।

जानवरों के साथ हृदय विदारक क्रूरतम अमानवीय व्यवहार

मनुष्य द्वारा जानवरों एवं अन्य मानवेत्तर प्राणियों के साथ की जानेवाली क्रूरता सारी सीमाएँ लांघ गयी हैं। एक गर्भवती हथिनी को फल में विस्फोटक खिलाकर मार दिया जाना, एक गाय को आटे में पटाखे लपेटकर खिलाना और भूखे तेंदुए को बर्बर तरीके से मारने जैसी हाल की ही चन्द घटनाएँ हैं, जो इस ओर इशारा करने के लिए पर्याप्त हैं कि क्या तर्कशील होने का दावा करने वाला मनुष्य बुद्धिहीन जानवरों से भी क्रूर और बदतर हो गया।

मनुष्य ने दरअसल में अपने आपको सर्वश्रेष्ठ होने का अहंकार पाल रखा है। यह उसका ही नतीजा है। इस स्थिति में मनुष्य ने विश्व वसुन्धरा के, सृष्टि परिवार के अन्य प्राणियों को हीन और हेय मान लिया है। सृष्टि का सर्वश्रेष्ठ प्राणी समझने की अहमन्यता मनुष्य में किसी भी वजह से विकसित हुई हो, लेकिन यह सत्य है कि उसने अपने पूर्वाग्रह से प्रेरित होकर निरीह प्राणियों का शोषण ओर मनचाहा उत्पीड़न किया है। अपने अहमन्यता को उसने दुनिया के दूसरे प्राणियों पर जिस ढंग से थोपा, उनकी प्रतिक्रिया-परिणति स्वयं उसके लिए ही विपरीत सिद्ध हुई है। जो दांव उसने मनुष्येत्तर प्राणियों पर चलाया था, वह

धीरे-धीरे उसके स्वभाव का अंग बन गया और अब वह यही प्रयोग अपनी जाति पर भी अपनाने लगा है। फलस्वरूप यह हो रहा है कि मानवीय संवेदना और मानवता धीरे-धीरे घटती जा रही है तथा वैयक्तिक सुख स्वार्थ के शोषण और अत्याचार बढ़ते जा रहे हैं। इस स्थिति को व्यक्ति-व्यक्ति के बीच, परिवार-परिवार के बीच, जातियों और विभिन्न समुदायों के बीच और विभिन्न राष्ट्रों के बीच वैमनस्य के रूप में स्पष्ट रूप से देखा जा सकता है।

मनुष्य के अमानवीय या आसुरी आचरण

मनुष्य सत्य पर चलते हुए अपने उत्तरदायित्वों को निभाते हुए सज्जनता का, विवेकशीलता का सुसंयत कार्यक्रम अपनाता है तो वह श्रेयस्कर होता है। मनुष्य ने अपनी बुद्धि से अन्य मानवेत्तर प्राणियों की तुलना में जो ऐश्वर्य इकट्ठा किया है, इतनी प्रगति कर ली है, उसके लिये यह क्यों कठिन होना चाहिए कि शान्तिमय जीवन जीये और दूसरों को भी जीने दे। लेकिन, मनुष्य ने अपनी बुद्धिमत्ता का दुरुपयोग करके आज चारों ओर क्लेश और कलह का वातावरण बनाया है। उन्मत्त हाथी जिस प्रकार दूर-दूर तक फसल को तोड़-मरोड़ डालता है, कितनों को कुचल कर रख देता है। आज मनुष्य की वैसी ही स्थिति हो रही है। पागल कुत्ता और पागल सियार जिस प्रकार कितने ही लोगों को अकारण काट लेते हैं, दूसरों को मारते और स्वयं मरते हैं, उसी प्रकार की गतिविधियां अपनाकर मानव प्राणी अपनी उच्च स्थिति के अनुरूप मानवीय आचरण करने की अपेक्षा आसुरी या दानवी आचरण कर रहा है।

मनुष्य के दानवी कृत्य के कुछ उदाहरण

चार नाबालिक भाई-बहिनों की कुल्हाड़ी मारकर हत्या

महाराष्ट्र के रावेर में ग्राम बोरखेड़ा स्थित केले के खेत में खरगोन (म.प्र.) के गढ़ी निवासी चार नाबालिक भाई-बहिनों की कुल्हाड़ी मारकर हत्या कर दी गयी। मृतकों में 2 लड़के व 2 लड़कियां हैं। इनकी उम्र 3 से 14 साल के बीच है। आरोपियों ने कुल्हाड़ी से चारों की गर्दन पर वार किये। मामले में पुलिस ने पाँच सन्देहियों को हिरासत में लिया है। पुलिस 14 साल की बालिका का दुष्कर्म के एंगल पर भी जांच कर रही है।

पति की हत्या कर शव के टुकड़े फ्रीज में रखे

रुस की मशहूर पॉप सिंगर रैजर एंडी कार्टवाइट (30) की पत्नी मरीना कुरवा ने उसकी बेरहमी से हत्या कर दी। इसके बाद शरीर के टुकड़े किये और वाशिंग मशीन में डालकर धो भी दिये। पुलिस रिपोर्ट में इस बात का खुलासा हुआ है।

मरीना ने पुलिस को बताया कि चार दिन तक एंडी कार्टवाईट के शरीर के टुकड़े किये और अलग-अलग टुकड़ों को प्लास्टिक बेग में भरकर फ्रीज में रख दिया। बाद में टुकडों को वापस सिला और नमक छोड़ दिया। रुसी पुलिस के अनुसार मरीना ने इसके लिये चाकू और हथौड़े जैसे हथियारों का उपयोग किया। पूरी घटना को अंजाम देने के बाद उन्होंने अपार्टमेंट धोया। मरीना ने हत्या क्यों की, इस बात की पूछताछ की जा रही है।

बीमार माँ को प्रोफेसर बेटे ने छत से फेंका

गुजरात के राजकोट के एक प्रोफेसर द्वारा अपनी माँ को छत से फेंककर उसकी हत्या का मामला सामने आया। यहाँ के गांधी ग्राम के दर्शन एवेन्यु में रहने वाली ब्रेन हेमरेज की मरीज जयश्री बेन की विनोद नाथ वाली बिल्डिंग से गिरने के बाद मौत हो गयी थी।

आत्महत्या का मामला मानकर प्रकरण की फाईल बन्द हो चुकी थी, लेकिन पुलिस को एक गुमनाम चिट्ठी मिलने के बाद जयश्री की हत्या का शक हुआ। जब सीसीटीवी फुटेज खंगाले तो उसमें जयश्री के बेटे सन्दीप की तस्वीर सामने आयी। फिर सख्ती से पूछताछ की तो पता चला कि प्रोफेसर बेटे ने ही अपनी माँ को छत से फेंककर उनकी हत्या की थी। आरोपी ने बताया कि माँ की देखभाल और इलाज से तंग आ गया था, इसीलिये यह कदम उठाया।

2 करोड़ सम्पत्ति के लिये बेटे ने की बाप की हत्या

इन्दौर (म.प्र.) के कनाड़िया क्षेत्र में विकासखेड़ा गांव के जंगल में सुरेन्द्र कुमार कटारिया का शव मिला। पाँच वर्ष तक पुलिस को इस हत्या का कोई सुराग नहीं मिला। एस.पी. मोहम्म युसुफ कुरैशी और ए.एस.पी. अमरेन्द्र सिंह चोहान की टीम ने नये सिरे से जांच की तो पता चला कि हत्या उसके पुत्र तरूण ने ही अपने दो साथियों के साथ मिलकर 2 करोड़ की सम्पत्ति हथियाने के लिये की है। क्राईम ब्रांच ने तरूण को संदेही मानकर उसके मिलने-जुलने वालों से सम्पर्क किया तो पता चला कि तरूण के दोस्त जीतू को उधारी के तीन लाख रुपये के अलावा हत्या के बाद 50 हजार रुपये अतिरिक्त देने को कहा था, लेकिन बाद में वह मुकर गया और दोस्तों की बीच फूट से क्राईम ब्रांच को सुराग मिले और बेटे को संदेही मानकर सख्ती से पूछताछ की तो वह टूट गया और हत्या करना कबूल लिया।

पिता ने पाँच वर्षीय मासूम को पटक-पटक कर मार डाला

मन्दसौर (म.प्र.) के नयापुरा कर्मचारी कॉलोनी में पिता ने ही अपने पाँच साल के मासूम बेटे को जमीन पर पटक-पटक कर हत्या कर दी। पत्नी ने बेटे को बचाने का प्रयास किया तो आरोपी ने उस पर भी चाकू से हमला कर

दिया। घायल हालत में मासूम को जिला अस्पताल में ले जाया गया, जहाँ चिकित्सकों ने उसे मृत घोषित कर दिया। रात में घायल महिला शहर कोतवाली पहुंची। पुलिस ने आरोपी को गिरफ्तार कर लिया।

बच्चे के साथ दुष्कर्म कर करंट देकर मार डाला

उज्जैन (म.प्र.) की न्यू इन्दिरानगर कॉलोनी में किरायेदार ने ही मकान मालिक के आठ साल के बेटे का अपहरण कर लिया। उसके साथ दुष्कर्म करने के बाद कमरे में एक हाथ से उसका मुंह दबाया व दूसरे हाथ से गर्म पानी की रॉड से करंट देकर बालक की निर्दयतापूर्वक हत्या कर दी। बच्चे के शव को बिस्तर में लपेटकर छिपा दिया और परिजन और पुलिस के साथ तीन घंटे तक उसकी खोजबीन में भी लगा रहा। सुबह होते ही घर से फरार हो गया और पेड़ पर फंदा डालकर खुद ने भी आत्महत्या कर ली।

पिता ने केरोसिन डालकर बेटी को जिन्दा जलाया

मध्यप्रदेश के खण्डवा जिले के खालवा तहसील के गांव चैनपुर में परिवार की मर्जी के खिलाफ प्रेम-विवाह करने जा रही युवती को उसके पिता और भाई ने केरोसिन डालकर जिन्दा जला दिया। पुलिस ने दोनों आरोपियों को हिरासत में ले लिया।

यह घटना ऑनर किलिंग से सम्बन्धित है। पुलिस के अनुसार मृतका का नाम लक्ष्मीबाई है। आरोपित पिता सुन्दरलाल यदुवंशी और भाई राजेन्द्र है। आरोप है कि युवती लक्ष्मीबाई घर के सामने रहने वाले राजकुमार पिता बद्रीप्रसाद से प्रेम विवाह करना चाहती थी। परिवार वाले इसके लिये तैयार नहीं थे। लगभग नौ माह से प्रेम प्रसंग चल रहा था। इसके चलते परिजन ने लक्ष्मीबाई की 11वीं कक्षा के बाद पढ़ाई छुड़वा दी थी। दोनों घर से भागकर हरसूद न्यायालय में शादी करना चाहते थे।

राजकुमार ने आरोप लगाया कि सुबह के समय लक्ष्मी उसके घर आयी थी। इसकी भनक लगते ही लक्ष्मी के पिता उसे पकड़कर घर ले गये और राजेन्द्र की मदद से उस पर केरोसिन डालकर जिन्दा जला दिया। राजकुमार ने बताया कि लक्ष्मी की चीख सुनकर लोगों ने इसकी सूचना पुलिस को दी। पुलिस के पहुंचने तक लक्ष्मी ने दम तोड़ दिया।

माँ ने ही बेटी को टंकी में डुबोकर मार डाला

भोपाल के पास खजूरी सड़क पुलिस थाने के अन्तर्गत ग्राम डेहरिया कलां में एक 2 माह की मासूम बच्ची किंजल को जन्म देने वाली माँ सरिता मेवाड़ा ने पानी की टंकी में डुबोकर मार डाला।

माँ सरिता मेवाड़ा की हसरत थी कि उसकी कोख से एक बेटा जन्म ले।

इससे वह किंजल से बहुत नफरत करने लगी थी। नफरत इतनी कि किंजल भूख से घंटों तक बिलखती रहती थी, लेकिन उसे दूध तक नहीं पिलाती थी। आखिरकार किंजल के जन्म के एक माह बाद उसकी माँ ने उसे पानी की टंकी में डुबोकर दानवी कृत्य को अंजाम दे डाला।

किसी ने ठीक ही कहा है -

इंसान जब जानवर की सरल परिभाषा बना है,
भस्म करने विश्व को वह दुर्वासा बना है।
क्या जरूरत है राक्षस की चूसने इंसान को,
इंसान ही जब इंसान की खून का प्यासा बना है।

वासना की चादर ओढ़कर इंसान बना दुष्कर्मी

देश में बालिकाओं और महिलाओं के साथ बढ़ती हुई दुष्कर्म की घटनाओं ने बड़ी भयानक स्थिति निर्मित कर दी है। महानगर हो या छोटा शहर हो, कस्बा हो या गांव। आज महिलाएँ कहीं भी और किसी भी उम्र की सुरक्षित नहीं हैं। दुधमुंही बच्ची से लेकर 70 साल की वृद्धा तक दुष्कर्म की शिकार हो रही है। यह अत्यन्त गम्भीर और चिन्तनीय बात है। क्या इस देश के पुरुष इतने क्रूर और असंवेदनशील हो चुके हैं कि जिस कोख से वे जन्मे हैं, उसका सम्मान करना तो दूर उसे लज्जित करने पर तुले हुए हैं।

बलात्कार अथवा दुष्कर्म की कल्पना मात्र से एक स्त्री सिहर उठती है, जिसके साथ यह घटना घटी है, उसके अन्दर न जाने कितनी बार स्वयं को मार डालने यानी आत्महत्या का ख्याल आता है। उसे अपनी खूबसूरत काया से घृणा होने लगती है। गुनाहगार न होने के बावजूद भी शर्मिन्दगी का बोझ उठाने पर समाज मजबूर करता है। इसे महसूस करने की आवश्यकता है।

पहले तो एकल रेप की घटनाएँ ज्यादा होती थीं, लेकिन अब तो सामूहिक रेप आम बात होती जा रही है।

5-6 माह की दुधमुंही बच्ची से लेकर 65 वर्ष की वृद्धा तक के साथ बलात्कार की घटनाएँ हो रही हैं। आज बलात्कार का खौफ पूरे देश में पसरा हुआ है। राष्ट्रीय अपराध ब्यूरो में दर्ज रिकार्ड के अनुसार प्रतिदिन 91 महिलाओं के साथ एकल या सामूहिक रेप या दुष्कर्म होता है, लेकिन इससे भी अधिक 10 गुणी चुप्पी में दर्द की चीखें हैं। कहीं इज्जत, कहीं अपनों की सुरक्षा का डर तो कहीं खुद पर ही दोषारोपण के भय से।

निर्भया 2012 के साथ घटित पाशविक घटना के बाद सामान्यतया यह धारणा बन गयी थी कि अब दुष्कर्म पर लगाम लगेगी, किन्तु लगाम लगने की बात तो दूर निर्भया-काण्ड के बाद दुष्कर्म के 4 लाख से अधिक मामले दर्ज हुए हैं। पिछले समय हैदराबाद की वेटनरी डॉक्टर और हाथरस में घटी लोमहर्षक घटनाओं ने भी सभी को झकझोर दिया है।

हर सामाजिक स्तर की महिलाएँ बच्चियां दुष्कर्म की शिकार

प्रश्न है कि किस सामाजिक स्तर की महिलाएँ दुष्कर्म की शिकार अधिक होती हैं। उपलब्ध आंकड़े बताते हैं कि हर सामाजिक स्तर की महिलाएँ बलात्कार का दंश झेलने के लिए अभिशप्त हैं। हम बात उच्च शिक्षित आधुनिक युवतियों की करें या फिर ग्रामीण महिलाओं की, बात चाहे कामकाजी महिलाओं की करें या घरेलू औरतों की, हर वर्ग की महिलाएँ बलात्कारियों के निशाने पर होती हैं। यहाँ तक की देश में पर्यटन हेतु आने वाली विदेशी महिलाएँ भी दुष्कर्म की शिकार बन जाती हैं। केवल युवा महिलाएँ ही बलात्कारियों के निशाने पर नहीं होती, अपितु प्रौढ़ और वृद्ध महिलाएँ तथा छोटी-छोटी अबोध बच्चियां भी बलात्कार का शिकार बनती हैं।

पहले यह धारणा थी कि केवल किशोरियां और नवयुवतियां ही बलात्कार की शिकार बनती हैं, लेकिन आजकल देखने में आ रहा है कि दुधमुंही बच्ची से लेकर 70 साल की वृद्धा तक को बलात्कारी बख्श नहीं रहे हैं। इस स्थिति को देखते हुए कहा जा सकता है कि बलात्कारियों के लिए महिला की आयु अब कोई बाधा नहीं रही। इसके साथ ही महिलाओं के वर्ण का सामाजिक स्तर भी अब कोई मायने नहीं रखता। गरीब महिलाएँ तो हमेशा से ही बलात्कारियों का शिकार होती रही हैं, लेकिन अब बड़े घर की महिलाएँ भी बलात्कारियों का खूब निशाना बनती हैं।

बलात्कारी अनपढ़ या अल्पशिक्षित महिलाओं को अपनी हवस का शिकार बनाते हैं तो उच्चशिक्षित आधुनिक युवतियां भी बलात्कारियों से बच नहीं पातीं। गरीबी के कारण आदिवासी लड़कियां भी बलात्कार का अक्सर शिकार बनती रहती हैं।

बलात्कार के कुकृत्य में सभ्य पुरुष वासना के वशीभूत जानवरों से भी बदतर व्यवहार करने लगता है। बलात्कार के समय तथाकथित सभ्य पुरुष, स्त्री-देह को इस प्रकार नोचता-खसोटता है कि जंगली जानवर भी शरमा जाये।

बच्चियां ही नहीं बच्चे भी दुष्कर्म के शिकार

मासूम बच्चियों के साथ-साथ अब छोटे-छोटे बच्चे भी यौन शोषण का शिकार होने लगे हैं। केवल लड़कियां ही नहीं, अब तो लड़के भी घर के बाहर सुरक्षित नहीं हैं। इंसान के रूप में ऐसे अनेक दरिन्दे सड़कों पर घूम रहे हैं, जो मासूम बच्चों को ही अपना शिकार बनाते हैं और उनके साथ अप्राकृतिक मानसिकता को तृप्त करने का प्रयास करते हैं। हाल में ही किये गये एक सर्वेक्षण के अनुसार लड़कियों की तुलना में लड़कों पर यौन शोषण का खतरा बढ़ गया है। बच्चों के साथ होने वाले यौन शोषण का एक और खुलासा उस समय हुआ, जब किशोर शोषण पर केन्द्र द्वारा एक राष्ट्रीय

अध्ययन कराया गया। महिला एवं किशोर मन्त्रालय द्वारा कराया गया देश का इस तरह का यह पहला सर्वेक्षण था।

भारत सरकार के महिला एवं किशोर विकास मन्त्रालय द्वारा कराये गये इस राष्ट्रीय अध्ययन के नतीजे इतने चौंकाने वाले थे कि तत्कालीन महिला एवं किशोर विकास मन्त्री श्रीमती रेणुका चौधरी को कहना पड़ा था कि स्थिति अलार्मिंग है, इसलिये सरकार अध्ययन की अनुशंसाओं पर असली कार्रवाई तुरन्त करेगी।

वास्तव में इस अध्ययन से पता चला कि पूरे भारत में बच्चों को यौन शोषण का शिकार होना पड़ता है। महिला एवं किशोर मन्त्रालय के लिए यह अध्ययन यूनिसेफ सेवा चाइल्ड और प्रयास जैसी संस्थाओं ने किया था।

कितना बदल गया इंसान

आज देश-दुनिया का आदमी कितना बदल गया है। इंसानियत छोड़ हैवानियत पर उतारू हो गया है। इस यथार्थ को कवि प्रदीप के गीत की कुछ पंक्तियों से चित्रित किया जा सकता है-

देख तेरे संसार की हालत क्या हो गयी भगवान
कितना बदल गया इंसान?
सूरज न बदला, चांद न बदला, न बदला आसमान
कितना बदल गया इंसान?
आया समय बड़ा बेढंगा, आज आदमी बना दुष्कर्मी और लफंगा
कहीं पर झगड़ा, कहीं पर दंगा, नाच रहा नर होकर नंगा,
छल और कपट के हाथों बेच रहा अपना ईमान
कितना बदल गया इंसान?

समाज में मानवता की स्थिति को देखने, परखने या जानने के लिये जो एक मोटा (रफ) मापदण्ड अथवा पैमाना बनाया गया, एक कसौटी तैयार की गयी, उसके आधार पर परीक्षण करने के पश्चात् निष्कर्ष स्वरूप यह कहा जा सकता है कि मानव मानवता से भटकता जा रहा है। उसकी संवेदना मर रही है और यह आशंका पैदा हो गयी है कि कहीं ऐसा न हो कि भविष्य में हम मानवता ढूंढते रह जायें।

मानवता से भटकाव - हुई आमन्त्रित महामारी कोरोना

जिसके हृदय में प्राणीमात्र के लिए करूणा की भावना है, वह निःसन्देह दयावान है। इसके विपरीत हर ऐसा व्यक्ति जिसके हृदय में क्रूरता का विष व्याप्त है, निश्चित रूप से राक्षस ही है। क्रूर व्यक्ति अन्य व्यक्तियों पर अत्याचार करता है, उनके स्वाभाविक और प्राकृतिक अधिकारों का हरण करके वह उन्हें पीड़ा पहुचाता है और दूसरों को दी गयी पीड़ा से वह स्वयं आनन्द और

सन्तोष प्राप्त करता है। अतः हर एक ऐसा व्यक्ति जो अन्य की पीड़ा में सुख आनन्द का अनुभव करता है, राक्षसी प्रवृत्ति का है। मानव इतिहास में जब-जब क्रूर व्यक्ति अधिकार सम्पन्न हुए हैं, तब-तब इस संसार में विनाश का ताण्डव नृत्य हुआ है।

आज विश्व की सुन्दर वसुन्धरा पर कोरोना वायरस के ताण्डव नृत्य की जो जीवित तस्वीर दिखायी दे रही है, वह हमारे कर्मों का ही नतीजा है।

हमारे द्वारा मानवीय गुणों के त्याग और आसुरी प्रवृत्तियों को अपनाने के कारण कोरोना वायरस आमन्त्रित हुआ है।

3. अहंकार: मानवता का विषवृक्ष कोरोना का जनक

> **कबीरा गर्व न कभी कीजिए, काल गेह कर केस।**
> **'कोरोना' ना जाने कित मारिए, क्या घर क्या परदेश।।**

अहंकार मानव का एक दैत्याकार शत्रु है। यही मन के विकारों को जन्म देता है। मानवधर्म के मार्ग में पर्वत जैसा विशाल अवरोध पैदा करता है और आसुरी प्रवृत्ति को बढ़ावा देता है। स्व के विकृत बोध को अहंकार कहते हैं। यह आत्मतत्त्व से न जुड़कर भौतिक सम्पदाओं के साथ जुड़ा होता है। दूसरों की तुलना में अपने आपको विशिष्ट मान बैठने पर अहंता की उत्पत्ति होती है।

किसी ने अहंकार के सम्बन्ध में ठीक ही कहा है-

अहम् ने तो सिर्फ वहम पाल रखा है।
जैसे सारा कारवां उसी ने संभाल रखा है।।

अहंकार सभी गुणों को नष्ट कर देता है। सारी ज्ञान साधना को धूल में मिला देता है। अज्ञानी व्यक्ति अहंकार में डूबे रहते हैं। उनकी स्थिति गाड़ी के नीचे चलने वाले कुत्ते के समान होती है, जो यह सोचता है कि गाड़ी उसी के बल पर चल रही है।

अहंकारी स्वयं को सबका मालिक समझता है और शेष लोगों को कुछ समझता ही नहीं है। अहंकारी स्वयं को कर्ता मानने लगता है, जैसे वही ब्रह्मा है। सबका सृजन करता है। वही विष्णु है, सबका पालन करता है और वही शिव है, सबका संहार करता है। अहंकारी की आँखों पर पट्टी रहती है, इसलिए उसे कुछ भी दिखायी नहीं पड़ता और वह अन्धे की भांति व्यवहार करता है।

मनुष्य के पतन का सबसे प्रबल कारण है, उसका अहंकार। मैं ही सब कुछ हूं, मेरा विचार ही सबसे अच्छा है, मैं सबसे अधिक सुन्दर हूं, मैं धन-सम्पन्न हूं, मैं पण्डित हूं, मैं महाज्ञानी हूं आदि अहंकारिक भावनाओं के कारण कलह,

झगड़े, झंझट, द्वेष की विभीषिकाएँ उठ खड़ी होती हैं। क्या यह अभिमान सार्थक हो सकता है? यह विचारणीय बात है, आप से अधिक तो इस धरती पर अनेक रूपवान, शक्तिवान, सामर्थ्यवान, विद्वान्, ज्ञानवान विद्यमान हैं। फिर यह अहंकार आपका क्या प्रयोजन हल कर सकता है? मानवता के मार्ग का सबसे बड़ा रोड़ा मनुष्य का अहंकारपूर्ण आचरण है।

अहंकार एक विषधर सांप

अहंकार वह है, जिसमें व्यक्ति अपनी सम्पत्ति, बुद्धि, पद, ख्याति को चोट पहुंचते ही अपना अपमान अनुभव करने लगता है। इसको अपनी भारी क्षति समझकर व्यक्ति प्रतिशोध के लिए भड़भड़ा उठता है। अपनी स्थिति को आकाश जैसा मानना और बढ़ा-चढ़ाकर बताना, हाँ में हाँ करने वालों से प्रसन्न रहना, किन्तु आलोचना करने वालों पे बिगड़ पड़ना; ये अहंकार के चिह्न हैं।

अहंकारी के मन से सब सदगुण उसी प्रकार विदा होने लगते हैं, जैसे तालाब का पानी सूखने पर उसके किनारे पर रहने वाली पक्षी अन्यत्र चले जाते हैं। अहंकार से अन्य दुर्गुणों का पोषण होता है और घमण्डी आदमी में वे सब बुराइयां उत्पन्न हो जाती हैं, जो गुण्डों या असुरों में होती हैं। असुर या गुण्डों का अहंकार ही आरम्भ से विकृत होता है। इसके पश्चात् वे दूसरों को तुच्छ समझते हुए उनकी हर क्रिया में अपना अपमान देखने लगते हैं और अपनी औकात भूलकर उसका प्रतिशोध लेने के लिये विषधर सांप की तरह अनर्थ करने पर उतारू हो जाते हैं।

अहंकार की वृद्धि के साथ ही मनुष्य का पतन आरम्भ हो जाता है और उसके अभिमान की पराकाष्ठा उसे बर्बाद करके ही छोड़ती है।

किसी ने क्या खूब कहा है-

अहंकार में भूल जो जाता निज औकात।
ऐसे ही वह एक दिन हो जाता बर्बाद।।

अकड़ उद्दण्डता और अशिष्टता का परिचायक

अहंकार को 'मद' भी कहा जाता है। मद इसलिए जैसे नशीली चीजें खाकर जिस प्रकार उन्मत्तता आ जाती है, उसी प्रकार छोटी सफलता पाकर मनुष्य सोचने लगता है कि मैं ही सब कुछ हूं, मुझमें कोई त्रुटि नहीं, मेरा ज्ञान, मेरी बुद्धि दुनिया से बढ़कर है। जो चाहूं, वह चुटकी बजाकर पूरा कर सकता हूं। छोटी स्थिति के आदमी जिनके दिल और दिमाग छोटे होते हैं- कोई साधारण सा लाभप्रद स्थान महत्त्व या पद पाकर इतराने और बौराने लगते हैं। उनकी

अकड़, उद्दण्डता और अशिष्टता चेहरे पर झलकने लगती है, उसे देखकर लगता है कि उन्होंने सज्जनता का मार्ग छोड़ दिया है और उद्दण्डता को अपना लिया है।

उपर्युक्त सोच के सन्दर्भ में वाल्टेयर का कथन बड़ा सटीक है-

मूर्ख को सरलतापूर्वक समझाया जा सकता है, विशेषज्ञ को समझा सकना उससे भी सरल है, पर थोड़ा ज्ञान पाकर जो अहंकार से अकड़ गये, उन्हें ब्रह्मा भी सन्तुष्ट नहीं कर सकता।

ईसा मसीह ने अपने शिष्यों को उपदेश देते हुए कहा है-

अगर तुम ईश्वर के राज्य में प्रवेश करने की योग्यता रखते हो और इस कारण दूसरों से श्रेष्ठ समझते हो तो यह भ्रम मन से निकाल दो, तभी तुम ईश्वरीय राज्य में प्रवेश पा पाओगे। सूई के छेद से ऊंट का निकल जाना सम्भव हो सकता है, किन्तु अहंकारी का ईश्वरीय राज्य में प्रवेश सम्भव नहीं होगा।

अहंकार की प्रतिध्वनि करती समाज को प्रदूषित

अहंकार ने मानव जाति का जितना अहित किया है, उतना किसी अन्य कारण से नहीं हुआ। न भूख से, न बीमारी से, न बाढ़ से, न सूखे से, न भूकम्प या भूचाल से, किसी भी कारण इतने लोग नहीं मरे, जितने कि आपसी संघर्षों, जातीय युद्धों और दो राष्ट्रों या अनेक देशों के संग्राम से मरे हैं। इन संघर्षों, द्वन्द्वों और युद्धों का एकमात्र कारण है, अपनी श्रेष्ठता का अहंकार और दूसरों को निम्न समझना।

सुप्रसिद्ध विचारक क्लाइव लीबिस का कथन है कि ''अहंकार की तुष्टि किसी चीज को पाने से नहीं, बल्कि उस चीज को किसी दूसरे की अपेक्षा ज्यादा पाने से होती है।'' वस्तुतः अहंकार का अर्थ ही अपने को दूसरों से श्रेष्ठ सिद्ध करने का दावा है।

अहंकार के कारण न केवल मनुष्य जाति हिंसा तथा विनाश का शिकार हुई है, बल्कि उसके कारण मानवीयता भूला बैठी है स्वार्थ, अनुदारता, लोभ, संकीर्णता, दूसरों की सम्पत्ति हड़प लेना, जैसे दुर्गुण का एकमात्र जनक अहंकार ही अहंकार है। लोभ, मोह, अनीति और अनाचार को अहंकार की सन्तान कहा जा सकता है। दुर्गुण मनुष्य के अन्तःकरण में निवास करता है। अतः उसकी प्रतिध्वनि पूरे समाज को प्रदूषित करती है।

ठीक ही कहा गया है-

अहंकार की ताकत फरिश्तों को भी शैतान बना देती है।
और नम्रता साधारण व्यक्ति को भी फरिश्ता बना देती है।।

अहंकार से जुड़े उदाहरण जो हमें अहंकार से दूर रहने की सीख देते हैं-

अहंकार में तीनों गये, धन, वैभव और वंशः

एक भी अहंकारी व्यक्ति का ऐसा उदाहरण नहीं मिल सकता, जिसे अन्त में अपने अहंकार के कारण नारकीय स्थिति का सामना न करना पड़ा हो। चाहे वह महाशक्तिशाली रावण हो, या कौरववंशी महाप्रतापी दुर्योधन हो अथवा महाक्रूर कंस हो। अहंकार व्यक्ति ही नहीं, उसके पूरे परिवार को ले डूबता है। अहंकारियों की स्थिति उन अन्धों जैसी होती है, जिनके पास आँखें तो होती हैं, पर उन्हें उचित-अनुचित, अच्छा-बुरा कुछ भी दिखायी नहीं देता। पूरी लंका तबाह हो रही थी, पर रावण को लंका का तबाह होना कहाँ दिखा? कंस की आँखें थीं, पर कृष्ण की शक्ति को कहाँ देख पाया? दुर्योधन क्या आँख वाला अन्धा नहीं था? इसीलिए -

अहंकार में तीनों गये,
धन, वैभव और वंश।
न मानो तो देख लो,
रावण, कौरव, कंस।।

जिसकी आँखों पर अहंकार का पर्दा पड़ा हो, उसे न तो दूसरों के गुण दिखायी देते हैं और न ही अपने अवगुणों का पता चलता है।

यदि आपके भीतर झुक जाने की ताकत है, इच्छाशक्ति और क्षमता है तो आप अहंकार को गला सकेंगे। झुक जाना और पराजय, दो अलग-अलग बातें हैं। आदमी का अहंकार विजय और पराजय की परिभाषा भी बदल देता है। अहंकारी व्यक्ति हारने पर भी उसे जीत की परिभाषा देता है, अजीब तर्क करता है और नरक के समान जीवन बना दुःख को आमन्त्रित करता है।

अहंकार कहता है, मिट जाना, लेकिन झुकना मत। खण्ड-खण्ड हो जाना, लेकिन झुकना मत। टूट जाना, बिखर जाना, लेकिन झुकना मत तो अहंकार कभी झुकने नहीं देता।

अहंकार एक भयंकर समुद्री दैत्य

यहूदी लोककथाओं में 'रहाब' (अहंकार) एक खतरनाक समुद्री दैत्य बताया गया है। यह व्यक्ति को नरक की गहराइयों में ले जाता है। इससे स्पष्ट है कि अहंकार को किस कदर निकृष्ट माना गया है। अब मनुष्य को तय करना है कि

उसे इंसानियत और विनम्रता का दामन थामकर स्वर्ग के मार्ग पर जाना है या मैं-मैं यानी अहंकार को गले लगाकर अथाह समुद्र की गहराइयों में डूब जाना है।

किसी कवि ने क्या खूब कहा है-

तूफान ज्यादा हो तो कश्तियां डूब जाती हैं।
और अहम् ज्यादा हो तो हस्तियां डूब जाती हैं।।

इन्द्र, वायु और अग्नि का अहंकार

एक बार इन्द्र, वायु, अग्नि आदि देवों को अपनी श्रेष्ठता का अहंकार हो गया। उपनिषद् में इसकी सुन्दर कहानी है। तीनों देवों में बड़ा वाद-विवाद हुआ। अहंकारवश प्रत्येक कहता है कि मैं श्रेष्ठ हूं।

इन्द्र ने कहा - ''मैं वर्षा करता हूं। यदि वर्षा न हो तो पृथ्वी सूख जाए ओर जीवन असम्भव बन जाए।''

वायु ने कहा - ''यदि पानी न बरसा तो एक बार चल सकता है, लेकिन हवा तो सबसे पहले मिलना चाहिए। मैं ही सबसे श्रेष्ठ हूं।''

अग्नि ने कहा - ''सबसे पहले गर्मी होना चाहिए। उष्णता होना चाहिए। जब उष्णता समाप्त होती है तो आदमी ठंडा हो जाता है। लोग कहते हैं, पैर ठंडे हो रहे हैं। अग्नि के बिना, उष्णता के बिना सब मिथ्या है।''

जब यह वाद-विवाद चल रहा था, तब वहाँ एक तेजस्वी देवी आयी। देवता बड़े चक्कर में पड़े कि यह देवी कौन हैं, कहाँ की हैं?

अग्नि ने कहा - ''मैं उस देवी के पास जाकर सारी जानकारी प्राप्त कर आता हूं।''

अग्नि उस देवी के पास गया और पूछने लगा - ''आप कौन हैं?''

उस देवी ने उलटे अग्नि से ही प्रश्न किया - ''आप कौन हैं?''

अग्नि ने चिढ़कर कहा - ''मेरा नाम मालूम नहीं है? मैं अग्नि हूं।''

देवी ने कहा - ''आप क्या करते हैं?''

अग्नि ने क्रोधित होकर कहा - ''मैं सारा ब्रह्माण्ड एक क्षण में जला दूंगा। क्या तुम्हें मेरा पराक्रम मालूम नहीं है?''

देवी ने कहा - ''होगा तुम्हारा पराक्रम, मुझे तो मालूम नहीं है। लेकिन, यहाँ यह तिनका है, उसे जलाकर दिखाओ।''

अग्नि ने सारी ज्वाला प्रज्वलित की, लेकिन वह तिनका नहीं जला। अग्नि लज्जित हो गया। वह सिर नीचा करके चला गया। इसके बाद हवा आयी।

हवा ने प्रश्न किया - ''आप कौन हैं?''

देवी ने उलटा पूछा - ''आप कौन हैं?''

हवा ने अहंकार के साथ कहा - ''मैं हवा हूं।''

''आप क्या करते हैं?''

''मैं पर्वतों को गेंद की तरह उछालती हूं। वृक्ष उखाड़ती हूं, पानी को नचाती हूं, प्रचण्ड लहरें पैदा करके जहाजों को डूबो देती हूं। क्या तुम्हें मेरा पराक्रम मालूम नहीं है?'' वायु ने क्रोधित होकर कहा।

देवी ने कहा - ''नहीं, यहाँ एक तिनका है, इसे उड़ाकर दिखाइये।''

हवा ने अपनी सारी शक्ति लगा दी, लेकिन क्षुद्र तिनका अपने स्थान से नहीं हिला। हवा लज्जित होकर नीचा सिर किये निकल गयी। इस प्रकार सारे अहंकारी देव परेशान हुए। अन्त में वह अध्यात्म देवी उमा कहने लगी - ''अरे पगलों! मैं श्रेष्ठ हूं, मैं श्रेष्ठ हूं, ऐसा अहंकार कर क्यों लड़ते हो? न कोई श्रेष्ठ है, न कनिष्ठ। सभी समान हैं। सभी का अपनी-अपनी जगह महत्त्व है।''

अहंकार के कारण यमदूतों की पकड़ में आया मूर्तिकार

एक मूर्तिकार की ख्याति पूरे देश में फैली हुई थी। वह उच्च कोटि की ऐसी मूर्तियां बनाता था, जो सजीव लगती थीं। लेकिन, उसे अपने हुनर पर अहंकार था। जब उसे लगा कि उसकी जल्दी ही मृत्यु होने वाली है तो वह परेशानी में पड़ गया। यमदूतों को भ्रमित करने के लिये उसने एकदम अपने जैसी दस मूर्तियां बना डालीं और अपनी योजनानुसार उन बनाई हुई मूर्तियों के बीच में स्वयं जाकर बैठ गया।

यमदूत जब उसे लेने आये तो एक जैसी ग्यारह आकृतियों को देखकर आश्चर्यचकित हो गये। इनमें मूर्तिकार कौन है? यह वे पहचान नहीं पाये। वे इस पशोपेश में पड़ गये कि अब क्या किया जाये। मूर्तिकार के प्राण यदि नहीं ले सके तो सृष्टि का नियम भंग हो जायेगा और यदि मूर्ति तोड़ें तो कला का अपमान होगा।

अचानक एक यमदूत को मानवीय स्वभाव की सबसे बड़ी कमजोरी का ध्यान आया। उसने चाल चलते हुए कहा - काश! इन मूर्तियां बनाने वाला मिलता तो मैं उसे बताता कि मूर्तियां तो अति सुन्दर बनायी हैं, लेकिन इनके बनाने में एक त्रुटि रह गयी। यह सुनकर मूर्तिकार का अहंकार जाग उठा कि मेरी कला में त्रुटि कैसे रह सकती है। फिर इस कार्य में मैंने अपना पूरा जीवन समर्पित कर दिया। वह बोल उठा - कैसी त्रुटि? फौरन यमदूत ने उसका हाथ पकड़ लिया और बोला - बस यही त्रुटि कर गये तुम। अपने अहंकार में। क्या तुम नहीं जानते थे कि बेजान मूर्तियां बोला नहीं करतीं।

किसी विद्वान का यह कथन कितना सटीक है-

''जिन्दगी में कभी अपने किसी हुनर पर घमण्ड मत करना, क्योंकि पत्थर जब पानी में गिरता है तो अपने ही वजन से डूबता है। केवल अहंकार ही ऐसी दौड़ है, जहाँ हर जीतनेवाला अंत में हार जाता है।''

रावण को मैंने नहीं मारा - श्रीराम

अयोध्या वापिस आने पर माँ कौशल्या ने श्रीराम से पूछा - 'रावण को मार दिया।''

भगवान् श्रीराम ने बड़ा सुन्दर उत्तर दिया - महाज्ञानी, महाप्रतापी, महाबलशाली, प्रकाण्ड पण्डित, महाशिवभक्त, चारों वेदों के ज्ञाता, शिव ताण्डव स्त्रोत के रचयिता रावण को मैंने नहीं मारा। उसे उसके 'मैं' (अहंकार) ने मारा है।

लोहे को कोई नष्ट नहीं कर सकता, लेकिन उसका अपना जंग उसे नष्ट कर देता है।

इसी प्रकार इंसान को कोई नष्ट नहीं कर सकता, लेकिन उसका अपना अहंकार उसे नष्ट कर देता है।

अहंकार का भ्रम किया दूर एक तिनके ने

हिन्दी के प्रसिद्ध कवि अयोध्याप्रसाद उपाध्याय 'हरिऔध' का प्रसंग है। अपने वैभवपूर्ण घर की छत पर खड़े इस कवि को अपने समृद्ध घर तथा जन-बल को जानकर अहंकार हो गया कि मैं कितना शक्तिसम्पन्न हूं। मेरे आदेश को कोई टाल नहीं सकता। बस इतने में ही तेज हवा के एक झोंके से एक तिनका आँख में गिर गया। कवि तिलमिला गया और वाणी से शब्द फूटा - कहाँ गयी तेरी शक्ति? कहाँ गया तेरा अहंकार? तेरे अहंकार को मिटाने के लिये तो एक तिनका ही काफी है। उनके ही शब्दों में -

मैं घमण्डों से भरा ऐंठा हुआ
एक दिन जो था मुण्डेर पर खड़ा।
आ अचानक दूर से उड़ता हुआ
एक तिनका आँख में मेरी पड़ा।
मैं झिझक उठा हुआ बैचेन-सा
लाल होकर आँख दुखने लगी।
मूठ देने लोग कपड़े की लगे,
ऐंठ बेचारी दबे पावों भगी।।
जब किसी ढंग से निकल तिनका गया
तब समझ ने यों मुझे ताने दिये।
ऐंठता तू किसलिए इतना रहा,
एक तिनका है बहुत तेरे लिये।।

अहंकारी के लिये ईश्वर का दरवाजा बन्द

'मैं' यानी अहंकार के बारे में सूफी सन्त मौलाना रूमी ने एक स्थान पर लिखा है-

आशिक (बंदा या भक्त) ने माशूक (खुदा या ईश्वर) का दरवाजा खटखटाया।

अन्दर से आवाज आयी- ''कौन?'' आशिक ने उत्तर दिया - ''मैं।'' दरवाजा नहीं खुला।

छः माह बाद एक बार पुनः दरवाजा खटखटाया, अन्दर से आवाज आयी - ''कौन?'' आशिक ने उत्तर दिया - ''मैं।'' दरवाजा नहीं खुला।

कई वर्षों की साधना के बाद आशिक ने जाकर माशूक का दरवाजा फिर से खटखटाया। अन्दर से फिर वही आवाज आयी- ''कौन?'' आशिक ने जवाब दिया - ''तू।'' दरवाजा तुरन्त खुल गया।

वह माशूक कोई व्यक्ति न होकर हमारे मनमन्दिर में विराजमान परमात्मा अथवा परमार्थभाव है। 'मैं' की जगह 'मैं' नहीं 'तू' का भाव जाग्रत होना, परमात्मा का द्वार खुल जाता है।

महादेवी वर्मा की सुन्दर पंक्तियां हैं-

आ गये तुम, द्वार खुला है, अन्दर आओ पर तनिक ठहरो।
ड्योढ़ी पर पड़े पायदान पर, अपना अहं झाड़ आना।।

अर्जुन का सारा घमण्ड चूर-चूर

'महाभारत' के युद्ध में अर्जुन और कर्ण के बीच घमासान युद्ध चल रहा था। अर्जुन का तीर लगने पर कर्ण का रथ 25-30 हाथ पीछे खिसक जाता था, लेकिन कर्ण के तीर से अर्जुन का रथ सिर्फ 2-3 हाथ ही पीछे जाता था। आश्चर्य यह था कि श्रीकृष्ण कर्ण के वार की प्रशंसा तो करते थे, किन्तु अर्जुन की प्रशंसा में कुछ न कहते थे।

इससे अर्जुन बड़ा व्यथित हुआ और उसने श्रीकृष्ण से प्रश्न किया - ''हे केशव! आप मेरे शक्तिशाली प्रहारों के बजाय कर्ण के कमजोर प्रहारों की प्रशंसा कर रहे हैं, तो ऐसा क्या कौशल है उसमें?'' प्रश्न सुनकर श्रीकृष्ण मुस्कुराए और बोले - ''हे अर्जुन! तुम्हारे रथ की रक्षा के लिये ध्वज पर हनुमान, पहियों पर शेषनाग हैं और सारथी के रूप में मैं स्वयं हूं। इसके बावजूद कर्ण के तीरों के प्रहार से अगर तुम्हारा रथ एक हाथ भी खिसकता है तो उसके पराक्रम की प्रशंसा तो बनती है।''

कहते हैं, युद्ध समाप्त होने के बाद श्रीकृष्ण ने रथ से अर्जुन को पहले उतरने को कहा ओर बाद में स्वयं उतरे। जैसे ही श्रीकृष्ण रथ से उतरे, उनका रथ स्वतः ही भस्म हो गया। सच यह था कि वह रथ कर्ण के प्रहार से कब का भस्म हो चुका था, लेकिन चूंकि स्वयं नारायण उस पर विराजे थे, इसलिये चलता रहा। यह दृश्य देखकर अर्जुन का सारा मान चूर-चूर हो गया।

वाह रे अहंकारी! अन्तिम यात्रा में भी घोड़े पर

बहुत पुरानी घटना है। एक छोटा गांव था। उसमें एक समाज विशेष के पचास घर थे। उनमें से एक सज्जन जरा लक्ष्मी-सम्पन्न थे। उनके पास जितनी लक्ष्मी थी, उससे ज्यादा उनका अहंकार था। जब कभी गांव में किसी की मृत्यु हो जाती थी तो वे सज्जन घोड़े पर बैठकर अन्तिम यात्रा में सम्मिलित होते थे। लोग कहते भी थे कि यह कोई शुभ प्रसंग नहीं है, किन्तु वे पैसे के नशे में कब मानने वाले थे।

एक दिन उस सज्जन व्यक्ति के पिता चल बसे। लोगों ने सोचा, आज अच्छा मौका आया है, इसे सबक सिखाने का। उस सज्जन व्यक्ति के पिता की शवयात्रा में जिनके घर घोड़े थे, वे घोड़ा लेकर आये और जिसके पास घोड़े नहीं थे, वे किराये से लेकर आये। सज्जन व्यक्ति के घर के सामने घोड़ों की कतार लग गयी। वह व्यक्ति बाहर आया और बोला - ''क्या मजाक करते हैं, आप? क्या बरात सजाना है? पिताजी को कन्धा कौन लगायेगा?'' लोग बोले - ''इसमें क्या है? आप भाड़े के आदमी ले आइये। हम तो घोड़े से उतरने से रहे।''

अब उस सज्जन को अपनी भूल का ज्ञान हुआ। अहंकार का फल मिला। वह हाथ जोड़कर बोला- ''क्षमा करें। मैं भविष्य में कभी किसी के घर घोड़े पर बैठकर नहीं जाऊंगा।''

अहंकार की हथौड़ी की जगह विनम्रता की चाबी

हथौड़ी ने ताले से कहा - ''मैं तुम्हें चोट मारकर भी नहीं खोल पाती, लेकिन एक नन्हीं सी चाबी तुम्हें कैसे खोल देती है?''

ताले ने कहा - ''जिसे किसी का अन्तर टटोलना आता है, वह ताला तो क्या हर समस्या का समाधान निकाल सकता है।''

जीवन के बन्द तालों को खोलने के लिये अहंकार की हथौड़ी की जगह विनम्रता की चाबी का उपयोग करें और जिन्दगी में होने वाली खटर-पटर को दूर करने के लिये जीवनरूपी गाड़ी में विनम्रता का ग्रीस लगायें, ताकि जीवन की गाड़ी मार्ग में बिना बाधा और खटर-पटर के चल सके।

अहंकार एक चर्मरोग

एक व्यक्ति ने भगवान से पूछा - ''तुझे कैसे रिझाऊं मैं? कोई वस्तु नहीं, ऐसी जिसे तुझ पर चढ़ाऊं मैं?''

भगवान ने उत्तर दिया - ''संसार की हर वस्तु तुझे मैंने ही दी है। तेरे पास अपना सिर्फ तेरा अहंकार है, जो मैंने नहीं दिया। उसी को अर्पण कर दे, तेरा जीवन सफल हो जायेगा।''

सन्त-मुनि तरूण सागर का कथन है कि अहंकार यानी 'मैं'।

'मैं' भक्त और भगवान के बीच दीवार का काम करता है। अहंकार चर्मरोग की तरह है। खुजली प्रारम्भ में तो अच्छी लगती है, पर बाद में बहुत कष्ट देती है। अहंकार भी ऐसा ही है। वह प्रारम्भ में भले ठीक लगे, पर उसका अन्त बुरा होता है।

स्पष्ट है कि अहंकार अन्याय, अनीति, अधर्म, अत्याचार, पाप आदि का जनक है। इसमें फंसा मनुष्य समझ ही नहीं पाता है कि वह क्या कर रहा है। दुनिया या किसी देश में लोगों में अहंकार बहुत बढ़ जाता है तो उसका विनाश करने के लिए ईश्वर या प्रकृति महामारी जैसे कदम उठाती है। जैसा कि वर्तमान में हम कोरोना के रूप में देख रहे हैं। कोरोना की वैश्विक महामारी ने दुनिया के हजारों दम्भ नींबू की तरह निचोड़ कर रख दिये हैं और मानव प्रकृति के समक्ष याचक की भांति हाथ फैलाये खड़ा हुआ है। इसलिए कबीरदासजी का कथन पुनः प्रस्तुत है - सदैव याद रखिये -

कबीरा गर्व न कभी कीजिये, काल गहे कर केस।
कोरोना ना जाने कब मारिए, क्या घर क्या परदेश।।

4. विचार प्रदूषणः कोरोना वायरस से भी ज्यादा खतरनाक

> **जिस व्यक्ति के अन्दर कोरोना के लक्षण हैं, उससे दो गज दूर रहें और जिस व्यक्ति के अन्दर अपनों में जहर फैलाने के विचार हैं, उनसे जिन्दगी भर दूर रहें।** -एक विचारक

'विचार' शब्द मन में आते ही, मन में विचार आता है कि आखिर में विचार है क्या? मन में उठने वाली विविध भावनाओं, कामनाओं एवं स्मृतियों की उत्ताल तरंगें हैं, विचार। जिसमें मन डूबता-उतराता रहता हैं विचार बहुत बड़ा शक्तिपुंज है, इसमें अनन्त ऊर्जा निहित है। अग्नि, विद्युत, प्रकाश आदि शक्तियां ऊर्जा मानी जाती हैं। ध्वनि, चुम्बक और अणु भी शक्ति के स्रोत हैं। विचारों की शक्ति इन सबसे अधिक प्रखर व प्रचण्ड है। साथ ही अत्यन्त सूक्ष्म है। मशीनें भी उस शक्ति को माप नहीं सकती, विज्ञान मानने लगा है कि विचार की गति (Velocity) प्रकाश की गति से भी अधिक तेज है। एक सेकण्ड के करोड़वें हिस्से से भी कम समय में विचार संसार के किसी भी कोने की यात्रा करके लौट आते हैं।

विचारशून्य व्यक्ति मृतप्रायः हो जाता है। उसकी चेतना समाप्त हो जाती है। 'विचार' मनुष्य का प्राण है, जीवनदायिनी शक्ति है। यह विचार न हो तो मनुष्य पशु तुल्य है। वस्तुतः हाड़मांस के पुतले में जो जादू भरा है, वह विचार शक्ति ही है। सृष्टि का आरम्भ, विकास और अन्त 'विचार' से जुड़ा है। इसलिए इमरसन ने कहा है - ''विचार से अधिक ठोस वस्तु ब्रह्माण्ड में नहीं है।''

स्वामी विवेकानन्द ने एक स्थान पर लिखा है कि ''अगर कोई व्यक्ति गुफा में रहे, वहीं कुछ विचार करता रहे और विचार करता हुआ मर जाये तो वे विचार कुछ समय बाद गुफा की दीवारें फाड़कर बाहर निकलेंगे और सब जगह छा जायेंगे तथा अन्त में हमारे मानव-समाज को प्रभावित कर देंगे, विचारों में इतनी शक्ति है।

दूषित विचार

दूषित विचारों के बारे में प्रोफेसर गेट्स के प्रयोगों द्वारा यह प्रमाणित हुआ कि दूषित विचारों द्वारा शरीर के अन्दर ऐसे तत्त्वों का समावेश हो जाता है, जिससे रक्त संचार की सम्पूर्ण प्रक्रिया दूषित हो जाती है। दुर्विचारों का विषैला प्रभाव सीधा असर शरीर के पोषक अंगों पर पड़ता है। ज्यों ही कोई दूषित विचार आता है, त्यों ही शरीर के अन्दर रसायनिक योगों में परिवर्तन होने लगता है, इसका सीधा प्रभाव स्वास्थ्य पर पड़ता है।

वैचारिक प्रदूषण का परिणाम - प्राकृतिक आपदाएँ

विचार अपने अनुसारी (Reciprocal) परिणाम उत्पन्न करने वाले कम्पन वायुमण्डल में पैदा करते है। सद्विचार पर्यावरण को पवित्र बनाते हैं और असद्विचार पर्यावरण को प्रदूषित करते हैं। लोग सम्भवतः इस बात पर कभी विचार नहीं करते हैं कि वे अपने विचारों द्वारा वायुमण्डल को किस स्तर के कम्पन प्रेषित कर रहे हैं तथा पर्यावरण को किस ओर ले जा रहे हैं।

भौतिकवाद के इस युग में हमारा चिन्तन स्वार्थसिद्धि, अर्थोपार्जन, जैसे व्यक्तिगत कार्यों पर केन्द्रित रहता है। इन कार्यों में बाधा डालने वाले व्यक्तियों के प्रति मन में ईर्ष्या-द्वेष भर जाता है और उनका अहित चिंतन करने लगते हैं। ऐसे विचारों से पर्यावरण प्रदूषित होता है।

हम अपने असद्विचारों द्वारा पर्यावरण को कितना प्रदूषित करते हैं, इस पर शायद ही कभी विचार किया हो। हम थल प्रदूषण, जल-प्रदूषण, वायु-प्रदूषण, ध्वनि-प्रदूषण आदि को लेकर आये दिन गोष्ठियां करते हैं, लेख लिखते हैं, संवाद करते हैं। उक्त प्रकार के प्रदूषणों के प्रति गहन चिन्तन करते हैं, परन्तु यह नहीं सोचते कि वैचारिक प्रदूषण नाम की भी कोई चीज है, जो हमारे पर्यावरण के प्रत्येक अंश को निष्क्रिय बनाती जा रही है। अनावृष्टि, अतिवृष्टि, बाढ़, भूकम्प आदि प्राकृतिक आपदाएँ वस्तुतः विचार प्रदूषण के दुर्भाग्यपूर्ण परिणाम हैं। लोगों का तो यहाँ तक विचार है कि वर्तमान में कोरोना वायरस से जो संकट आया है, उसका एक कारण वैचारिक प्रदूषण भी है।

कथनी और करनी के मध्य अन्तर भी वैचारिक प्रदूषण को जन्म देता है। अच्छे-अच्छे विचारों को अच्छी-अच्छी भाषा में व्यक्त करना, बुद्धिजीवियों के समाज में एक फैशन बन गया है, परन्तु इनके अनुसार आचरण करने के प्रति बहुत कम लोग गम्भीर दिखायी देते हैं। आचरण के प्रति उदासीनता सम्बन्धित विचार के क्षेत्र में एक प्रकार का वैचारिक असन्तुलन या प्रदूषण पैदा करता है।

मन की भावनाओं का सामने वाले पर तदनुसार प्रभाव: एक उदाहरण

एक बार राजा भोज की सभा में एक व्यापारी आया। राजा भोज की दृष्टि उस पर पड़ी, उसे देखते ही अचानक उनके मन में विचार आया कि कुछ ऐसा किया जाये, ताकि इस व्यापारी की सारी सम्पत्ति छीनकर राजकोष में जमा हो जाये। व्यापारी जब तक वहाँ रहा भोज के मन में रह-रहकर उसकी सम्पत्ति को हड़प लेने की भावना बनी रही। कुछ देर बाद व्यापारी चला गया।

उसके जाने के बाद राजा को अपने राज्य के ही एक निवासी के लिये आये ऐसे विचारों के लिये बड़ा खेद होने लगा। राजा भोज ने सोचा कि मैं तो प्रजा के साथ न्यायप्रिय रहता हूं, आज मेरे मन में ऐसा कलुषित विचार क्यों आया?

उन्होंने अपनी मन्त्री को सारी बात बताकर समाधान पूछा। मन्त्री ने कहा- ''इसका उत्तर देने के लिये आप मुझे कुछ समय दें।''

राजा मान गये। मन्त्री विलक्षण बुद्धि का था। वह सीधा व्यापारी से मैत्री गांठने पहुंचा। व्यापारी से मित्रता करने के बाद उसने पूछा - ''मित्र! तुम चिन्तित क्यों हो? भारी मुनाफेवाले चन्दन का व्यापार करते हो, फिर चिन्ता कैसी?''

व्यापारी बोला - ''मेरे पास उत्तम कोटि के चन्दन का बड़ा भण्डार जमा हो गया है। चन्दन से भरी गाड़ियां लेकर अनेक शहरों के चक्कर लगाये पर नहीं बिक रहा है। बहुत धन इसमें फंसा पड़ा है। अब नुकसान से बचने का कोई उपाय नहीं है।''

व्यापारी की बातें सुनकर मन्त्री ने पूछा - ''क्या हानि से बचने का कोई उपाय नहीं?''

व्यापारी हंसकर कहने लगा - ''अगर राजा भोज की मृत्यु हो जाये तो उनके दाह-संस्कार के लिये सारा चन्दन बिक सकता है। अब तो यही अन्तिम मार्ग दिखता है।''

व्यापारी की इस बात से मन्त्री को राजा के उस प्रश्न का उत्तर मिल चुका था, जो उन्होंने व्यापारी के सन्दर्भ में पूछा था।

मन्त्री ने कहा - ''तुम आज से प्रतिदिन राजा का भोजन पकाने के लिये चालीस किलो चन्दन राज-रसोई में भेज दिया करो। पैसे उसी समय मिल जायेंगे।''

व्यापारी यह सुनकर बड़ा खुश हुआ। प्रतिदिन और नगद चन्दन की बिक्री से तो उसकी समस्या ही दूर हो जाने वाली थी। वह मन-ही-मन राजा के दीर्घायु होने की कामना करने लगा, ताकि राजा की रसोई के लिये चन्दन लम्बे समय तक बेचता रहे।

एक दिन राजा अपनी सभा में बैठे थे। वह व्यापारी दोबारा राजा के दर्शनों को वहाँ आया। उसे देखकर राजा के मन में विचार आया कि यह कितना सरल, भला और आकर्षक व्यक्ति है। इसे कुछ पुरस्कार स्वरूप अवश्य दिया जाना चाहिये।

राजा ने मन्त्री से कहा - ''यह व्यापारी जब पहली बार आया था तो उस दिन मेरे मन में कुछ बुरे भाव आये थे और मैंने तुमसे प्रश्न किया था। आज इसे देखकर मेरे मन के भाव बदल गये। इसे दूसरी बार देखकर मेरे मन में इतना परिवर्तन कैसे हो गया?''

मन्त्री ने उत्तर देते हुए कहा - ''महाराज! मैं आपके दोनों ही प्रश्नों का उत्तर आज दे रहा हूं। यह जब पहली बार आया, तब यह आपकी मृत्यु की कामना रखता था। अब यह आपके लम्बे जीवन की कामना करता रहता है। इसलिये, आपके मन में इसके प्रति दो तरह की भावनाओं ने जन्म लिया है।''

आज यह बात विज्ञान ने भी सिद्ध कर दी है कि मन की भावनाओं का सामने वाले पर तदनुसार प्रभाव पड़ता है। वनस्पतियों तक पर सदभावना अथवा दुर्भावना का प्रभाव पड़ता है। फिर मनुष्यों पर क्यों नहीं पड़ेगा? तुलसीदासजी तो बहुत पहले लिख गये हैं-

जाकि रही भावना जैसी,
प्रभु मूरत देखी तिन तैसी।।

मन में उत्पन्न दूषित विचारों के कम्पन का प्रभाव: एक दिलचस्प उदाहरण

एक युवती और उसकी वृद्ध माँ अपने गांव को जा रही थी। रास्ते में सन्नाटा था और सूर्यास्त होने को था। वृद्धा अपनी बेटी की सुरक्षा के बारे में चिन्तित थी। इतने में ही एक घुड़सवार पीछे से निकला। वृद्धा ने आवाज देकर घुड़सवार को रोक लिया। उसने कहा - ''बेटा! मेरी बेटी को घोड़े पर बैठा लो अगली पुलिया के बराबर हमारे गांव को जाने वाली सड़क का मोड़ है। इसको वहीं उतार देना।''

''मुझे टाईम नहीं है।'' यह कहता हुआ घुड़सवार चला गया। थोड़ी सी दूर चलने के बाद घुड़सवार के मन में पाप आया। वह सोचने लगा कि इस युवती को क्यों न मैं अपने साथ ही ले जाऊं आदि। अगले क्षण वह माँ-बेटी के सामने खड़ा हुआ। वह अत्यन्त विनम्र भाव से कह रहा था - ''माताजी! मुझे क्षमा करें। मैं बहन को ले जाकर गांव के मोड़ पर छोड़ दूंगा।''

''बेटा! अब मैं बेटी को तेरे साथ नहीं भेजूंगी। जो तुझसे कहने गया था, वह मुझसे भी कह गया है।'' वृद्धा ने आत्मविश्वास पूर्वक कहा।

वृद्धा का उत्तर सुनकर घुड़सवार बुरी तरह लज्जित हो गया और चुपचाप अपनी राह पर चला गया। कारण बिलकुल साफ है घोड़े पर सवार युवक के मन में उत्पन्न होने वाले दूषित विचार ने वातावरण में विशेष प्रकार के कम्पन पैदा किये, जो उन कम्पनों को वृद्धा माता के मन-मस्तिष्क को प्रभावित किया और वह दूषित विचारों वाले युवक के कपटपूर्ण व्यवहार के प्रति सावधान हो गयी।

हमारे मन में उठने वाले विचार वायुमण्डल में विशेष प्रकार के कम्पन उत्पन्न करते हैं और इस प्रकार वे एक विशेष प्रकार के वातावरण की सृष्टि करते हैं। वह वातावरण अपने विशिष्ट कम्पनों द्वारा अपना प्रभाव उत्पन्न करता है। घुड़सवार के मन में उत्पन्न होने वाले कम्पनों ने अपने लक्ष्य वृद्धा के मन में अनुसारी कम्पन उत्पन्न कर दिये और वृद्धा ने अपने मन का सन्देश समझ लिया।

वैचारिक प्रदूषण कोरोना वायरस से भी ज्यादा खतरनाक

कोरोना वायरस से तो हम जब ही संक्रमित होते हैं, जब हम किसी कोरोना संक्रमित व्यक्ति के सम्पर्क में आयी वस्तु को छूते हैं, किन्तु दूषित विचार तो मन में आते ही अनुसारी परिणाम दिखा बिना व्यक्ति के सम्पर्क में आये उसे संक्रमित कर देते हैं।

स्पष्ट है कि दूषित विचार हमारे विकास के सर्वाधिक समर्थ शत्रु हैं, जो सम्पूर्ण पर्यावरण को प्रदूषित करते हैं। फिर क्यों न हम अच्छे या सद्विचारों का प्रश्रय प्रदान करके सौन्दर्य भावना को अपनी स्थायी सम्पत्ति बनायें।

5. हृदयहीन बुद्धिबल ने छीनी इंसानियत: इंसान बना शैतान

> **All beautiful things start from heart, All bad things start from mind.**
> **So never let the mind rule your heart, let the heart rule your mind.**

मनुष्य को ईश्वर ने बुद्धि नामक एक अतुलनीय शक्ति प्रदान की है। इसी के आधार पर मनुष्य लाखों-करोड़ों अन्य प्राणियों के बीच सृष्टि का अप्रमेय स्वामी बन पाया है। इतना ही नहीं, मनुष्य ने बुद्धि के बल पर संसार को श्रेष्ठतम बनाया है। बिना किसी परिवर्तन के उसने सृष्टि के गोपनीय रहस्यों को बुद्धि के बल पर खोज निकाला है। जीवन में न जाने कितनी सुख-सुविधाओं का समावेश भी इसी के बलबूते से किया है।

मनुष्य की बुद्धि की शक्ति ऐसी अमोघ है कि यदि वह चाहे तो संसार को अल्प समय में ही नष्ट कर दे और चाहे तो उसे स्वर्ग सदृश बना दे। आज की परिस्थितियां देखते हुए दुर्भाग्यवश ऐसा नहीं लग रहा है कि मानवीय बुद्धि की यह शक्ति संसार को स्वर्ग के रूप में परिवर्तित करेगी। इसके अधिकाधिक नरक बनने की सम्भावनाएँ अवश्य ही दिखायी देने लगी हैं। आगे की बात तो छोड़िये, आज के दिन भी संसार एक नरक से कम नहीं बन गया है। जिधर देखो, उधर दुःख-पीड़ा, शोक-सन्ताप, आवश्यकता और अभाव का ही ताण्डव होता दृष्टिगोचार हो रहा है। मनुष्य मनुष्य के लिए भूत-प्रेतों की तरह शंका-कुशंका का स्वरूप बना हुआ है। सुख-सुविधा के अगणित साधन एकत्रित कर लेने पर भी मनुष्य को उनका कोई लाभ नहीं मिल पा रहा है। जिस आश्वस्तता एवं निश्चितता को प्राप्त करने के लिये मनुष्य की बुद्धि पूरी शक्ति से लगी हुई है। उसके दर्शन भी आज गम्भीर प्रयत्नों के बाद भी सम्भव नहीं हो पा रहे हैं। निःसन्देह आज के युग के बुद्धिमान मनुष्य की होती यह दुर्दशा दुर्भाग्य का विषय है।

अपनी बुद्धि पर इतराता मनुष्यः बढ़ती राक्षसी प्रवृत्ति

सबसे बुद्धिमान कहे जाने वाला प्राणी मनुष्य ने आज खुद को संसार का सर्वेसर्वा मान लिया है। अपनी बुद्धि पर इतराते हुए वह दुनिया को अपनी मुट्ठी में करना चाहता है। आज भावना, दया, करूणा, स्नेह से शून्य अपने स्वार्थ के लिये सब कुछ करने को तैयार रहने वाले लोगों की एक जमात तैयार हो गयी है। पुराने लोग भावना प्रधान थे, तब वे सम्बन्ध सम्भालते थे। बाद में लोक प्रेक्टिकल हो गये, तब वे सम्बन्ध का फायदा उठाने लगे। अब तो लोग इतने चालू हो गये, फायदा अगर हो तो ही सम्बन्ध बनाते हैं।

प्रेम, सेवा, त्याग, सहिष्णुता, वफादारी, न्यायप्रियता; जैसे मूल्य अब अतीत की बातें होती जा रही हैं।

विचार बुद्धि की उपयोगिता कितनी ही क्यों न हो, वह रहेगी, अपर्याप्त ही। चेतना की पूर्णता का केन्द्र मस्तिष्क नहीं, हृदय है। मानवीय गुणों की खोज और उन्हें पाने के लिये एकमात्र स्थान मानवीय अन्तःकरण है, सहृदयता इसी केन्द्र में बसती है।

भाव संवेदना धारण करने पर मनुष्य में महामानव, देवमानव और ऋषि पैदा होते हैं, जो अपने हृदय में छलकते प्रेम-भाव और इंसानियत भरे मानव-जीवन में देवता की उपस्थिति प्रमाणित करते हैं और इस धरती पर स्वर्ग-जैसी स्थिति का निर्माण करते हैं। समय-समय पर ऐसे ही मनुष्यों की अधिकता ने इस भूमि पर सतयुग, स्वर्णयुग जैसे सुख-शान्ति भरा वातावरण तैयार किया है, लेकिन अब मनुष्यों में भाव-संवेदना धीरे-धीरे कम होती जा रही है, राक्षसी प्रवृत्ति बढ़ती जा रही है और यही लोगों में बढ़ते हुए दुःख का कारण बन रही है।

सेंट लॉरेंस का कथन है-

हे परम प्रभु! मुझे अकेली बुद्धि के सहारे मत छोड़ देना, यह अभागी खुद तो भटकी हुई है, मुझे भी भटका देगी। मुझे तो प्रेमभाव का वरदान देना, जिसके सहारे अपने साथ दूसरों का भी भला कर सकूं।

चिन्तन के दो पक्ष

चिन्तन के दो पक्ष हैं, एक बुद्धि, दूसरा भाव या भावना। बुद्धि का क्षेत्र दिमाग (मस्तिष्क) और भावना का क्षेत्र दिल (हृदय) माना गया है। हृदय का तात्पर्य रक्त परिभ्रमण वाले हृदयतन्त्र से नहीं, वरन् अन्तःचेतना का वह मर्मस्थल है, जहाँ आकांक्षाओं और आस्थाओं के समन्वय से बना अन्तःकरण प्रतिष्ठित है और इस अन्तःकरण के कारण ही हृदय का स्थान सर्वोपरि होता है।

मस्तिष्क द्वारा संचालित व्यक्ति पूरी तरह तार्किक होता है। वह अपनी बुद्धि का उपयोग तथ्यों और तर्कों को जुटाने तक ही सीमित रखता है। स्वभावतः बुद्धि जिन निष्कर्षों पर पहुंचती है, वे भौतिक सुविधाओं के पक्षधर होते हैं।

मस्तिष्क में बुद्धि, तर्क, कुतर्क, योजना, विचार आदि का समावेश रहता है। अतः इससे संचालित लोग बुद्धिशाली और योग्य होते हैं। बुद्धि व्यक्ति को सफलता के अलग-अलग सोपानों तक पहुंचाने में सहायक होती है। अतः मस्तिष्क द्वारा संचालित लोग कुशल वैज्ञानिक, इंजीनियर, डॉक्टर, व्यवसायी, प्रबन्धक एवं तथाकथित प्रवचनकार आदि मिल जायेंगे।

पूरी तरह तार्किक व्यक्ति हृदयहीन बुद्धिवाला होता है। वह अपने दिल की बात नहीं सुन सकता, यहाँ तक कि वह दिल की भाषा तक नहीं जानता। उसकी जिन्दगी के ढेर सारे बौद्धिक रिश्ते जिनकी बुनियाद में नफा-नुकसान ही मुख्य रहता है। स्वार्थ एवं अहंकार की बुनावट से बने होते हैं। ये भावनाविहीन गणितीय रिश्ते जितनी तेजी से बनते हैं, उतनी ही तेजी से टूटते भी हैं। इसलिये रिश्ते की बातें हमेशा दिल में रखना चाहिए, दिमाग में नहीं। दिमाग बहुत चालाक होता है, तुरन्त हिसाब लगाने लगता है।

हमारा बैल तर्कशास्त्री नहीं है

लोग बुद्धि के माध्यम से तर्क करते हैं और तर्क से समाधान तक जाने की कोशिश करते हैं, लेकिन तर्क व्यक्ति को सुलझाता नहीं है, बल्कि उलझाता है।

एक कोल्हू था। उसमें बैल काम करता था। कोल्हू को एक तैली चलाता था। उसने बैल को कोल्हू में जोत दिया। बैल कोल्हू में चल रहा था और इस बीच तैली अपना काम कर रहा था। तभी वहाँ एक तर्कशास्त्री पहुंचा, देखा, बड़ा आश्चर्य है बैल के पीछे कोई नहीं है, बैल अपना काम कर रहा है। तैली अपना काम कर रहा है। बैल चल रहा है।

तर्कशास्त्री ने तैली से पूछा - ''अच्छा ये कैसे होता है? तुम अपना काम कर रहे होते हो, कभी-कभी घानी से दूर भी चले जाते हो, फिर भी तुम्हारी घानी चल रही है, ये कैसे होता है? अगर बैल खड़ा हो जाये तो तुमको कैसे पता चलेगा?''

तो तैली बोला - ''मैंने बैल के गले में घंटी बांध रखी है। बैल रुकेगा तो घंटी रूक जायेगी। मैं फिर बैल को समझा दूंगा, हाँक दूंगा, फिर बैल चल देगा।''

''और बैल खड़ा होकर के गरदन हिलाये तो?''

तैली बोला - ''ये अच्छी बात है कि हमारा बैल तर्कशास्त्री नहीं है और वह तुम्हारे पास तर्क सीखने के लिये नहीं गया। अगर तर्क सीखने के लिये चला जाता तो मुश्किल खड़ी हो जाती।''

हृदय और बुद्धि में हो विरोधाभास तो करें हृदय का अनुशरण -विवेकानन्द

दुनिया में पैदा हुए विद्वानों में से चाहे हमारी बुद्धि सबसे प्रखर क्यों न हो, फिर भी हम ईश्वर तक नहीं पहुंच सकते। बुद्धिमान होकर भी मनुष्य दस गुना अधिक स्वार्थी बन सकता है। हृदय का संस्कार हुए बिना उच्चतम शिक्षा पाकर भी मनुष्य घोर अमानवीय हो जाते हैं। यदि हृदय और बुद्धि में विरोध हो तो तुम हृदय का अनुसरण करो, क्योंकि बुद्धि केवल तर्क क्षेत्र में ही काम कर सकती है, उसके परे नहीं जा सकती। वह हृदय ही है, जो उच्चतम भूमिका में आरूढ़ करता है, वहाँ तक बुद्धि कभी नहीं पहुंच सकती।

आचार्य विजयरत्न सूरि का कथन है-

जिन्दगी के हर मोड़ पर हमें वही करना चाहिए, जो हमारा दिल हमसे कहे। क्योंकि, जो दिमाग कहता है, वह मजबूरी है और जो दिल कहता है, वह मंजूरी है।

यह धारणा मिथ्या है कि श्रद्धा अन्धी है और तर्क की आँखें हैं। श्रद्धा सुकुमारता लिये हुए है और तर्क कर्कशता। श्रद्धा में विशेषता है कि वह कल्पना द्वारा बनायी हुई अपने श्रद्धेय की मूर्ति को साक्षात् मान लेती है, जबकि तर्क साक्षात् दिखने वाले श्रद्धेय पुरुष को भी सन्देह की दृष्टि से देखता है।

भावनाएँ जिन्दा हैं तो मानव, मानव है

मानव-जीवन में भावनाएँ महत्त्वपूर्ण स्थान रखती हैं। भावनाएँ जिन्दा हैं तो मानव मानव है। सिर्फ धड़कनों में चलता-फिरता पुतला या रोबोट नहीं। भावनाएँ सृजन और रचनात्मकता की शक्ति देती हैं। जो हमें जिन्दगी में खुशियों के इन्द्रधनुषी रंगों से परिचित कराती हैं।

व्यक्ति की सबसे बड़ी पूंजी उसकी भाव-सम्वेदना है। इसको अपनाने पर व्यक्ति दूसरों की पीड़ा और दुःख-दर्द समझ पाता है। तभी तो वह दूसरे के दुःख को बांट लेता है और अपने सुख को बांट देता है। यहीं से सहानुभूति, सज्जनता, शालीनता आदि गुणों के रूप में चारों ओर खुशी, प्रेम, स्नेह, मधुरता और सुख-शान्ति के वातावरण का निर्माण होता है।

लेखिका वर्जीनिया वुल्फ का कथन है कि ''जहाँ दिमाग दिल से बड़ा होता है, वहाँ उदारता, सहिष्णुता, दयालुता और अन्य मानवीय गुणों को सांस लेने की भी जगह नहीं मिलती।''

किसी ने क्या खूब कहा है-

दुनिया का सबसे खुबसूरत म्यूजिक अपना हार्ट-बीट (दिल की आवाज) है, क्योंकि इसे खुद भगवान ने कम्पोज किया है, इसलिये हमेशा दिल की सुनें।

दिल और दिमाग के बीच तालमेल बनाये रखें

याद रखिये, दिल (हृदय) और दिमाग (बुद्धि) सामाजिक व्यवहार के दो पहलू हैं। दोनों के बीच तालमेल की आवश्यकता है। यदि हम एक को अधिक महत्त्व देने लगते हैं तो वह निर्णायक बनने लगता है।

भावना (दिल) कहती है -

अमुक व्यक्ति बड़ी दयनीय स्थिति में है। उसकी सहायता करें, अपने सुख-सुविधा, साधनों को न देखें। कर्ण, शिवि, राजा हरिश्चन्द्र का उदाहरण लीजिये। इन महापुरुषों ने दया, करूणा, सहानुभूति ओर दान द्वारा महान पद प्राप्त किया। हमें भी ऐसा ही कुछ करना चाहिए। केवल अपनी सुख-सुविधा इत्यादि पर ही ध्यान नहीं रखना चाहिए।

दिमाग (तर्क) आपको रोकता है और कहता है-

क्या पागल हुए हो, सोचो, विचारो। दिमाग से काम लो। यदि साधनों का ध्यान छोड़कर व्यय किया, दूसरों से बड़े-बड़े वायदे किये तो मुसीबत में फंस जाओगे। भावना में मत बहो। समाज धन-सम्पदा का ही आदर करता है।

इस प्रकार मानव-जीवन में भावना (दिल) और दिमाग (तर्क) परस्पर विरुद्ध शक्तियों का अविराम ताण्डव चलता रहता है। इन शक्तियों का उचित समन्वय करने की आवश्यकता है।

बुद्धि के बारे में आचार्य विजयरत्न सुन्दर सूरि का कथन बहुत ही सटीक है-

बुद्धि का उपयोग करें, लेकिन उसका आधिपत्य न होने दें। बुद्धि सेवक के रूप में श्रेष्ठ है, परन्तु मालिक के रूप में बहुत खतरनाक है। वह खण्ड दर्शन कर परिस्थिति को उलझा देती है, जिस प्रकार डॉक्टर शव का पोस्टमार्टम कर देते हैं, उसी प्रकार बुद्धि प्रत्येक परिस्थिति का, उपकारी के प्रत्येक व्यवहार का, उपकारी के प्रत्येक वचन का तर्क-वितर्क कर बस पोस्टमार्टम ही किया करती है।

एक विचारक का कथन है -

भावना दिशा देती है और श्रद्धा से प्रकाश मिलता है। केवल तर्क का आश्रय लेनेवाला तो झाड़-झंखाड़ों में भटकता रहता है।

हृदय को जीभर जीने दो बुद्धि से कहा बहुत बोले नहीं।
सोने की मूर्ति को लोहे की तराजू में रख तोले नहीं।।

मानवता के लिये भावनाओं की स्नेहिल ज्योति जलाये रखें

भावनाशून्य और अनौपचारिक व्यवहार आज परिष्कृत व्यक्तित्व का गुण समझा जाता है। जबकि, भावनाहीन जीवन का अर्थ है- गीत-संगीत रहित एक

ऐसे संसार में रहना, जहाँ न फूलों की सुगन्ध है और न ही नाते रिश्तों की गुलाबी आंच की गरमाहट। भावना की प्रधानता ही हमें मित्रों और पड़ोसियों से लपककर मिलने को प्रेरित करती है।

हृदयहीन बुद्धि मनुष्य को पशुता की ओर ले जाती है। इंसानियत छीन लेती है। अतः हमें बौद्धिक कुचक्रों से बाहर निकलकर अपने हृदय को परिष्कृत करना चाहिए। परिष्कृत हृदय में ही पवित्र भावना का निवस रहता है। भावना की पवित्रता का स्पर्श पाकर बुद्धि भी निर्मल हो जाती है। हमारे अन्दर की भावनाओं को हम कैसे जीवन्त रखें? हमारा यह सबसे महत्त्वपूर्ण काम होना चाहिए।

Pure heart is the greatest temple in the world. Don't believe the smiling face, but believe the smiling heart. They are rare in this world.

शैतान बना इंसान

परमात्मा ने मनुष्य को अन्य प्राणियों की अपेक्षा विशेष बुद्धि और शक्ति दी है। इस दुनिया में जितनी भी महत्त्वपूर्ण शक्तियां हैं, उनमें बुद्धिबल ही सर्वोपरि है। मानव जाति ने जितनी प्रगति की है, उसके पीछे उसकी बौद्धिक विशेषता का चमत्कार ही सन्निहित है।

इतनी बड़ी शक्ति देकर मनुष्य को परमात्मा ने कुछ कर्तव्यों में भी बांधा है, ताकि दी हुई शक्ति का दुरुपयोग न हो। इन कर्तव्यों का नाम है, मानवता, कर्तव्य धर्म या मानव धर्म।

मनुष्य यदि मानवधर्म या मानवता से विमुख होकर अनियन्त्रित हो जाता है तो कितना घातक हो सकता है, इसकी कल्पना मात्र से ही सिहरन होती है। जिन असुरों, दानवों, राक्षसों के कुकृत्य से मानव सभ्यता कलंकित होती रही है, वे शक्ल-सूरत से तो मनुष्य ही थे, पर उन्होंने स्वेच्छाचार अपनाया, मर्यादाओं को तोड़ा, न धर्म का विचार किया, न कर्तव्य का। अपने बुद्धिबल के मद से वह इंसान से हैवान बन बैठा।

किसी ने ठीक ही कहा है-

हैवान से कम नहीं शैतान से भी कम नहीं है आदमी।
किन्तु आदमी में इंसानियत हो तो भगवान से भी कम नहीं है आदमी।।

6. वृक्ष धरती के भूषण करते दूर प्रदूषण

वृक्ष देवता तुल्य हैं। देवता अर्थात् जो सबको देता है। वृक्ष हमें अनेक उपादानों से उपकृत करते रहे हैं। लेकिन मनुष्य मानवता छोड़ अपने स्वार्थ के वशीभृत होकर अपने देव को ही मिटाने में लग गया है।

वृक्ष हमारे जीवनदाता, हमारे यार, सखा और मार्गदर्शक के रूप में इस धरा पर सदैव उपस्थित हैं। प्रश्न यह है कि वृक्षों से इतना सब कुछ लेकर भी हम कृतघ्नता क्यों दिखाते हैं? क्या वाकई स्वार्थ ने हमें इतना बहरा व अंधा कर दिया है कि हमें इन हरे-भरे मासूमों की न तो करूण पुकार सुनाई देती हैं, न ही उनके जख्म ही दिखाई देते हैं।

कटे हुए वृक्षों के हर बरसात में चीखने-पुकारने के बारे में सुप्रसिद्ध शायर निजा फाजली ने क्या खूब कहा है -

चीखे घर के द्वार की लकड़ी हर बरसात।
कटकर भी मरते नहीं पेड़ों में दिन रात।।

पेड़-पौधे प्रकृति द्वारा प्रदत्त एक अनमोल उपहार हैं। प्रकृति की सुन्दरता के आयामों में से सबसे महत्त्वपूर्ण रस है। यदि सोचिए पेड़-पौधे न होते तो प्रकृति कितनी नीरस और बेजान सी होती। इनसे संबद्ध कितने ही खूबसूरत जीवजन्तु और अनन्त नजारे हमारी नजरों से ओझल ही रहते।

वृक्ष ने मनुष्य को प्राणवायु, जल, रोटी-कपड़ा-मकान, छाया, फर्नीचर, दवा, कागज, रंग स्याही, कॉस्मेटिक्स, सुगंधित पदार्थ, शराब और सैंकड़ों तरह के अनुदान तो दिए ही हैं, वृक्ष शोर और वायु प्रदूषण के जहर को स्वयं पी जाते है। वृक्षों की निकटता हमारे अंदर एक शांति और संतुष्टि पैदा करती है। शांत आदमी अंदर से भरा हुआ, तृप्त अनुभव करता है। वृक्ष हमारे अशांत मन को शांत करते हैं। प्राचीन आयुर्वेद और चीनी औषधि विज्ञान में वृक्षों की इस शक्ति को बहुत सम्मान दिया गया है।

ओशो ने तो वृक्षों से दोस्ती करने को ध्यान कहा है। वे कहते हैं कि वृक्ष बहुत जीवंत और संवेदनशील हस्ती हैं। वे अभी तक आदमी की तरह प्रदूषित नहीं हुए हैं, इसलिए वे आपको बहुत सकारात्मक ऊर्जा प्रदान कर सकते हैं।

वृक्ष - मानव के सच्चे मित्र, परिजन और संरक्षक - महाकवि कालिदास

महाकवि कालिदास वृक्षों के महत्त्व को बहुत अच्छी तरह समझते थे। उनके साहित्य में पेड़-पौधों के प्रति गहन संवेदना व्यक्त की गई है। कालिदास ने पेड़-पौधों को मानव के सच्चे मित्र, परिजन और संरक्षक में देखा, समझा और चित्रित किया है। सबकी मंगल कामना करने वाले कालिदास वृक्षों को हमेशा नाचता, झूमता, हंसता-खेलता और प्रेमालाप करता देखना चाहते थे। उन्होंने अपने साहित्य के माध्यम से संदेश दिया है कि वृक्षों का संरक्षण पालन और संवर्धन हमारे ही हित में है।

कालिदास ने पेड़-पौधों को मानव परिवार का हिस्सा मानकर उन्हें रिश्तों का नाम भी दिया है। रघुवंश में एक देवदार का जिक्र है जिसे शंकर पार्वती ने पुत्र मानकर पाला था। एक बार एक जंगली जानवर ने इसकी छाल उखाड़ दी थी तब पार्वती को उतना ही दुःख हुआ था जितना दुःख पुत्र कार्तिकेय को राक्षसों के हाथों घायल देख कर।

अभिज्ञानशाकुंतल में तो वृक्षों को सगे भाई जैसा और पुत्री से भी अधिक प्रिय बताया है। मेघदूत में मंदार के एक पौधे का उल्लेख है जिसे यक्ष की प्रिया ने पुत्र मानकर बढ़ाया है।

मानव जिन वृक्षों की गोद में जन्म लेता है, पलता है और बढ़ता है, आज वह उन्हें उखाड़ कर सीमेंट, कांक्रीट की अट्टालिकाएँ बनाने में लगा है। पेड़-पौधों का विनाश करके हम हकीकत में अपनी ही कब्र खोद रहे हैं।

महाकवि कालिदास पहले महामूर्ख थे विद्योतमा से विवाह से पहले वह उसी डाल को काट रहे थे जिस पर बैठे हुए थे। कालिदास तो काली की कृपा से आगे चल कर महाविद्वान हो गए पर हमको अक्ल कब और कैसे आयेगी यह सोचनीय है?

धरती के जख्मों को हरे वृक्षों से भरें - सुल्तान महमूद बेगड़ा

ईसा की 15वीं शताब्दी के उत्तरार्ध में सुल्तान महमूद बेगडा नामक एक अनोखा शासक हुआ। जिसने 52 वर्षों तक गुजरात के अहमदाबाद सिंहासन पर शासन किया था। इस शासक का कहना था कि धरती के जख्मों को हरे वृक्षों से भर देना चाहिए ताकि स्वस्थ वायु हर दम मिलती रहे। बरसात के दिनों में यह राजा अपने अलग ही ढंग से पूरे दो सप्ताह का 'वन महोत्सव' बड़े धूमधाम के साथ मनाया करता, मार्ग के दोनों और व खाली मैदानों में आम,

ईमली, चंदन, पीपल, नीम के पौधे शाही बैंड-बाजे की धुनों के साथ शुभ मुहूर्त में रोपे जाते थे।

सुलतान ने अपने शासनकाल में सिर्फ अपने ही हाथों से 60000 के लगभग वृक्ष रोपे थे, इस सुल्तान के शासनकाल में जब कोई अपनी भूमि पर पेड़ लगाता तो उसे विशेष सहायता दी जाती थी। इसी कारण उसके शासनकाल में वृक्षारोपण तथा बागों का विकास करने की प्रवृत्ति बहुत बढ़ गई थी। गुजरात में 'फिरदोस' और 'शआबान' जैसे बाग इसी वृक्ष प्रेमी सुल्तान की देन है।

किसी कवि ने ठीक ही कहा है -

हरे वृक्ष धरती के भूषण,
करते हैं जो दूर प्रदूषण।
इन्हें उगाएं, इन्हें लगाएं,
रोग शोक संताप मिटाएँ।
भू का आंचल हरा भरा हो,
पुलकित फिर से वसुंधरा हो।

वृक्षों से आत्मीयता की एक अनूठी मिसालः

मिसाल है जोधपुर की अमृता देवी का, जिन्होंने वर्ष 1730 में खिजड़ी गांव में राजमहल बनाने हेतु लकड़ी के लिए पेड़ काटने आए लोगों का विरोध किया। राजा के आदमी जब पेड़ काटने लगे तो उनकी पुत्रियाँ पेड़ों से चिपक गईं और कहा पेड़ से पहले उन्हें काटना होगा, तो राजा के आदमियों ने अमृता देवी और उनकी पुत्रियों को पेड़ के साथ काट दिया। उनके बलिदान से प्रेरित हो क्षेत्र के पुरुषों ने इसका विरोध कर पेड़ों के कटाव को रुकवाया।

पेड़ों को अपना बालक मानकर सेवा करने वाली सालू मरदाः

कर्नाटक की एक महिला सालू मरदा थी। मरदा चालीस वर्ष की उम्र में संतान न होने के कारण आत्महत्या करने वाली थी। परन्तु उसने विचार त्यागकर जीने का एक लक्ष्य बनाया और कर्नाटक में चार किलोमीटर एरिया में 385 बरगद के पेड़ लगाए। उन्हीं को अपना बालक मानकर जीवन भर उन पेड़ों की सेवा कर उनको छांव देने लायक बनाया।

अपने स्वर्गवासी पति के साथ जीवन भर उन पौधों को पेड़ बनने तक रोज पानी पिलाकर अपना जीवन पर्यावरण के नाम कर दिया। श्रीमती सालू मरदा को 17 मार्च 2019 को 107 वर्ष की आयु में राष्ट्रपति ने पद्मश्री अवार्ड से सम्मानित किया। वे पहली महिला थीं जिन्हें लोगों ने नंगे पैर पदमश्री अवार्ड

लेते देखा है। वास्तव में ऐसी पर्यावरण प्रेमी लोगों को अवार्ड मिलते हैं तो मन में प्रसन्नता होती है।

पेड़-पौधों की कटाई - विलुप्त होती पक्षियों की प्रजातियाँ:

जीवन छोटा हो या बड़ा, वह अनमोल होता है। खासतौर पर पक्षियों का, जो बहुत ही कोमल और सीधे-सादे जीव हैं। धरती पर जितना अधिकार मनुष्यों का है, उतना ही अन्य जीवधारियों का भी है। पक्षियों का भी। किन्तु आज पक्षियों के लिए वैसे हालात नहीं हैं जैसे पहले हुआ करते थे।

हमारी धरती पर पक्षियों की लगभग 6000 प्रजातियाँ रहती हैं। यदि इसमें उनकी उपजातियों को जोड़ा जाए तो यह संख्या बढ़कर 30000 तक पहुँच जायेगी। लेकिन पिछले कुछ वर्षों में पक्षियों की संख्या में जबरदस्त कमी हुई है। इसके लिए हम मनुष्य जिम्मेदार हैं। पेड़-पौधों की कटाई और बढ़ती हुई जनसंख्या के कारण जंगलों पर अतिक्रमण के कारण पक्षियों के रहने की जगह न केवल कम की है वरन् उसे तहस-नहस कर दिया है। माना जाता है कि पिछले 500 वर्षों में पक्षियों की 130 प्रजातियों का सफाया हुआ है। बर्डलाइफ इंटरनेशनल ने अपनी रिपोर्ट में पक्षियों की विलुप्त होती प्रजातियों के लिए मानवीय क्रियाकलापों को जिम्मेदार माना है।

जाने एक पेड़ का मूल्य

यदि आपने एक पेड़ काटा तो समझ लिजिए आपने लगभग 16 लाख रुपए की हानि की है। यह सच प्रोफेसर टी. एन. दास के एक वैज्ञानिक शोध से पता चला है। प्रदूषण बचाने के लिए मशीनों पर 5 लाख रुपए खर्च करने होंगे। यह काम एक पेड़ मुफ्त करता है। पचास वर्ष पुराने एक पेड़ से जितनी आक्सीजन मिलती है उतनी आक्सीजन तैयार करने में 2 लाख 50 हजार रूपये खर्च आयेगा।

मिट्टी संरक्षण का काम बरसात में पेड़ खुशी-खुशी करता है, वही कार्य किसी मशीन से करें तो 2 लाख 50 हजार रुपए का व्यय होगा। पेड़, पशु पक्षियों को प्रतिदिन मुफ्त भोजन कराता है। यदि इस भोजन की व्यवस्था आप करें तो 2 लाख 50 हजार रुपये व्यय होंगे। वर्षा के लिए वृक्ष जलचक्र का निर्माण बड़ी उदारता से करते हैं। कोई उपकरण तैयार करके यदि यह काम करना पड़े तो लगभग तीन लाख रुपए खर्च करने पड़ेगे। यह कैसी विडम्बना है कि मूल्यवान एवं उपयोगी वृक्ष जो वायु प्रदूषण यानी जहरीली हवा से हमारी रक्षा करते हैं हम उन्हीं को काटने पर तुले हुए हैं। इस संदर्भ में किसी ने ठीक ही कहा है -

बरगद, पीपल, नीम को, काट ले गये लोग।
हवा भी जहरी हो गयी, फैला जहरी रोग।।

देव तुल्य हैं वृक्ष

वृक्ष देवता तुल्य हैं। देवता अर्थात् जो सबको देता है। वृक्ष हमें अनेक उपादानों से उपकृत करता है। इसी कारण भगवान कृष्ण ने पीपल को अपना रूप माना है। विजयादशमी को शमी पूजन होता है। वट सावित्री व्रत के साथ बरगद की पूजा का विधान है। यज्ञ कर्म में जिन पेड़ों की समिधाएँ का उपयोग होता है, उन्हें भी देव वर्ग में रखा गया है। भगवान शिव का पूजन बिल्व पत्रों से होता है।

बुद्ध को जिस बोधिवृक्ष के नीचे आत्मज्ञान प्राप्त हुआ उसकी सारी दुनिया में पूजा होती है। तीर्थराज प्रयाग का 'अक्षय वट' अभी भी देव दर्शन की भांति भक्तों की श्रद्धा का विषय है। उज्जैन का 'सिद्धवट' भी भक्तों का पूज्यनीय है। इसी तरह हमारे यहाँ प्राचीन काल से ही वृक्षों को देवतुल्य मानकर पूजा करने की परम्परा है।

हमारा हर व्रत-त्योहार धार्मिक अनुष्ठान पेड़ों के वगैर अधूरा है। चाहे वह भगवान सत्यनारायण की कथा हो, तुलसी विवाह हो, वट सावित्री पूर्णिमा या विवाह मण्डप, गृह प्रवेश, बेटी की विदाई या व्यक्ति की मृत्यु। वृक्षों के अभाव में सब कुछ अधूरा है, असंभव है।

देवतुल्य वृक्षों को काटने वालों के लिए किसी कवि ने कहा है -

जंगलों की नहीं, जंगलीपन खतम करो।
पशुओं को नहीं, पशुता को खतम करो।
अपने ही पैरों पर कुल्हाड़ी मारने वालों।
देव तुल्य वृक्षों पर नहीं अब सितम करो।

वृक्ष हमें कुछ देते ही हैं, हमसे कुछ मांगते नहीं हैं। देवतुल्य ऐसे वृक्षों को काटने, उखाड़ने और नष्ट करने वालों को यदि हम मानवता विहीन या असुर कहें तो किसी को आपत्ति नहीं होनी चाहिए।

7. प्रकृति के साथ छेड़खानी - महाविनाश को निमंत्रण

धरती हमारी माता है और वृक्ष, वनस्पतियाँ, नदी, ताल-तलैया सब उसके वस्त्र आभूषण हैं। मनुष्य जब वनस्पति और वृक्षों को काटकर उसे पूरी तरह लज्जाहीन, वस्त्रहीन बनाने पर आमादा हो जाता है तो वह मानव का सम्पूर्ण विनाश महामारी के रूप में कर डालने के बाद अपनी रक्षा स्वयं करने का बीड़ा उठाती है।

प्राकृतिक संतुलन को प्रभावित करने वाले कारक प्रदूषण कहलाते हैं। प्रदूषण के कारण शुद्ध वायु मिलना, शुद्ध जल मिलना, शुद्ध खाद्य मिलना, शांत वातावरण मिलना दूभर हो जाता है। प्रदूषण कई प्रकार का होता है वायु प्रदूषण, जल प्रदूषण, मृदा प्रदूषण और ध्वनि प्रदूषण लेकिन इन सबमें वायु प्रदूषण का ग्लोबल वार्मिंग पर असर ज्यादा होता है।

देश में प्रदूषित होती हवा के बीच वायु प्रदूषण की भयावह तस्वीर सामने आयी हैं। हेल्थ इफेक्ट्स इंस्टीट्यूट ने स्टेट ऑफ ग्लोबल एयर 2020 नामक वैश्विक रिपोर्ट जारी की है। रिपोर्ट के अनुसार वर्ष 2019 में वायु प्रदूषण के कारण देश में 1.16 लाख नवजातों की मौत हुई वहीं दुनियाभर में 4.76 लाख बच्चों की मौत हुई।

प्रदूषण फैलने से वातावरण दिनोंदिन गर्म होता जा रहा है। हानिकारक गैंसे भी जस की तस बनी रहती हैं क्योंकि जो वृक्ष हानिकारक गैसों को ग्रहण कर हमें आक्सीजन देते हैं, अब वे भी हमारे बीच से नष्ट हो रहे हैं। मनुष्य हर तरह से प्रकृति के दोहन में लगा हुआ है। लेकिन उसे इस बात का आज भी अहसास नहीं कि वह इस प्रकार लगा रहा तो प्रकृति एक दिन उससे रूठ जायेगी और तब वक्त आएगा तबाही का। लोग तो आज भी मान रहे हैं कि कोराना वायरस आना प्रकृति के रूठने का ही नतीजा है।

प्रकृति के पास हमारी सभी जरूरतें पूरी करने की क्षमता है, हमारी आकांक्षाओं पूरी करने की नहीं। हमने प्रकृति का दोहन किया है। वन विनाश, जल एवं वायु प्रदूषण, ग्रीन हाउस गैसेस बढ़ा करके क्या हमने उसे रूठा कर कोरोना जैसी महामारी को आमंत्रित नहीं किया? किसी ने ठीक ही कहा है -

प्रकृति तेरा रूठना भी जरूरी था,
इंसान का घमण्ड टूटना भी जरूरी था।
हर कोई अपने को खुदा समझ बैठा था,
उसका यह शक दूर करना भी जरूरी था।
मंगल पर जाने की चाहत थी,
पर धरती का संवरना जरूरी था।
मैं सब कुछ हासिल कर सकता हूँ
यह गलत फहमी से निकलना जरूरी था।

जल को दूषित कर रहा, तू कैसा इंसान?

जीवन में जल का महत्त्व हवा के बाद सबसे ज्यादा है। हवा और जल के बिना जीवन की कल्पना नहीं की जा सकती। देश की सतह पर उपलब्ध समस्त जल का लगभग 80 प्रतिशत भाग प्रदूषित हो चला है। एक मौटे अनुमान के अनुसार हमारे यहाँ दो तिहाई बीमारियाँ प्रदूषित जल के कारण हो रही हैं। उद्योगों से निकलने वाले जहरीले कूड़े-कचरे और गंदे नाले से नदियों में प्राकृतिक ढंग से स्वयं शुद्धि की प्रक्रिया तेजी से घटती जा रही है। नदियों में प्रदूषण खतरनाक स्तर तक पहुँच चुका है। प्रायः सभी नदियाँ मरणासन्न हैं। अपनी वीभत्स दुर्गंध वातावरण में घोलती, जहरीली पानी को ढोती निष्प्राण नदी सभी प्राणियों के लिए अभिशाप हैं। लेकिन इसके लिए हम स्वयं जिम्मेदार हैं। अपने लोभ और स्वार्थ ने हमें इतना भ्रष्ट कर दिया है कि जिन पवित्र नदियों में हम अपने पापों को धोते हैं। उन्हीं को प्रदूषित कर देते हैं। ठीक ही कहा गया है -

नदियाँ जीवन दायनी, धरती पर वरदान।
इनको दूषित कर रहा, तू कैसा इंसान।।

फैलाया प्रदूषण अंतरिक्ष बना कबाड़खाना:

सौर मंडल में अपना दबदबा कायम रखने की होड़ के चलते अंतरिक्ष अब पहले से कहीं ज्यादा असुरक्षित और प्रदूषित हो गया है। जिस तरह सड़कों पर भीड़ है, लगभग वही हालात अंतरिक्ष में भी निर्मित हो रही है। धरती पर तो इस स्थिति को संभालने के लिए यातायात पुलिस व अन्य नियामक एजेन्सियाँ हैं पर अंतरिक्ष में ऐसी कोई व्यवस्था नहीं है। पृथ्वी पर तो नियम और कानून हैं जिनका उल्लंघन करने पर जुर्माना हो सकता है, लेकिन अंतरिक्ष में किसी को किसी का डर नहीं। वहाँ कोई जुर्माना लगाने वाला नहीं है, इसलिए मानव और मशीन की अंतरिक्ष यात्राओं से पैदा हो रहे कचरे और प्रदूषण ने बहुत नुकसान पहुँचाया है।

चेक गणराज्य में प्राग स्थित एकेडमी ऑफ साईसेज के अंतरिक्ष संस्थान का आकलन है कि पृथ्वी के वायुमंडल के आसपास वर्तमान में कम से कम 5 हजार

टन कचरा मौजूद है जो आने वाले समय में न केवल अंतरिक्ष में होने वाली गतिविधियों में जबरदस्त बाधाएँ पैदा कर सकता है साथ ही प्रदूषण फैलाव का कारण भी बन सकता है।

मानव की करतूत - बाढ़ों को स्वयं किया निमंत्रित

प्राकृतिक आपदाओं का भारत जैसे बड़े देश में आना कोई आश्चर्य की बात नहीं है। आश्चर्य की बात तो यह है कि लगातार परेशानियाँ झेलते रहने के बावजूद हम अभी तक नहीं चेते। वर्षा जल जो प्रकृति की बहुत बड़ी देन है, वहीं हमारे लिए शैतान के रूप में भारी मुसीबतें लेकर आता है। यदि हम बाढ़ के कारणों की खोज करें तो पाएंगे कि अधिकांश बाढ़ स्वयं नहीं आई है, हमारी करतूतों ने उन्हें न्यौता दिया है।

जल की अपनी मर्यादाएँ और स्वभाव है। जल के बारे में यह उपयुक्त होगा कि उसे रोक कर अपने जल भण्डार भर लें और जब ये जल भण्डार भर जाएं तो अतिरिक्त जल को रास्ता दे दें, ताकि वह समुद्र तक की अपनी प्राकृतिक यात्रा आसानी से पूरी कर सकें। लेकिन अफसोस की बात है कि हमारी बड़ी-बड़ी जल भण्डारण योजनाएँ हमारी राष्ट्रीय जरूरतों के अनुसार न तो जल को अपेक्षित ढंग से रोक सकीं और न ही उसे रास्ता दे सकीं।

मौटे तौर पर दृष्टि डाले तो अनियंत्रित व अनियोजित बसाहट, नदी-नालों के रास्ते में रूकावटें, जंगलों का कटना तथा आकाश से बरसे पानी का पूरी तरह धरती में न समाना ऐसे कारण हैं जो सीधे बाढ़ को न्यौता देते हैं। नतीजा बहता पानी इधर-उधर फैल कर उत्पात मचाता है और हम मूक दर्शक बने रहते हैं।

वाह रे मनुष्य! सोने के अंडे के लालच में मुर्गी मार डाली

नदी से - पानी नहीं, रेत चाहिए
पहाड़ से - औषधि नहीं, पत्थर चाहिए
पेड़ से - छाया नहीं, लकड़ी चाहिए
खेत से - अन्न नहीं, नकद फसल चाहिए

उलीच ली रेत, खोद लिए पत्थर,
काट लिए पेड़, तोड़ दी मेड़
रेत से पक्की सड़क, मकान बनाकर
नक्काशीदार दरवाजे सजाकर
अब भटक रहे हैं,
मृत कुओं में झाँकते, रीती नदियां ताकते
झरिया खोजते, लू के थपेड़ों में
बिना छाया के हो जाती सुबह से शाम

फिर भी सब बर्तन खाली
सोने के अंडे के लालच में, मुर्गी मार डाली।

समुद्र के साथ सौतेला व्यवहार

दुनिया के दो-तिहाई हिस्से पर पसरा समुद्र पानी का भण्डार है। समुद्र केवल जलीय जीव-जंतुओं के लिए ही नहीं बल्कि हम मनुष्यों के जीवन के लिए भी बेहद जरूरी हैं। समुद्र हमारी करीब-करीब उन सभी जरूरतों की पूर्ति करता है, जो हमारे जीने के लिए जरूरी हैं और बावजूद इसके हम समुद्र के साथ बेहद ही सौतेला व्यवहार करते हैं। मानों वह कूड़ेदान हो। उद्योग, फैक्टरी और हमारे रोजमर्रा के कामों से निकलने वाला कचरा आखिर समुद्र में जाकर जम जाता है। जमीन पर रहने वाले इंसानों! इस कुकृत्य या अपराध का खामियाजा भुगतते हैं समुद्र और नदियों-तलाबों में रहने वाले जीव-जंतु।

इकोलॉजिस्ट की एक अंतर्राष्ट्रीय टीम ने विगत वर्षों में एक अध्ययन किया। उस आधार पर उन्होंने चेतावनी दी कि यदि समुचित कदम न उठाए गए तो 2048 तक समुद्र से सभी मछलियाँ खत्म हो जाएंगी।

पर्यावरण विशेषज्ञ वैज्ञानिकी चेतावनी की न करें अनदेखी

डेनमार्क में पर्यावरण पर जो विश्व सम्मेलन हुआ उसमें संसार भर के चोटी के पर्यावरण विशेषज्ञ वैज्ञानिक और राजनेताओं ने भाग लिया। इस सम्मेलन में विशेषज्ञों ने पर्यावरण के बारे में अपने शोध और अध्ययन की जो चर्चा की और भविष्य के बारे में उन्होंने जो भविष्यवाणियाँ की वे अत्यन्त चिंताजनक हैं। विशेषज्ञों ने कहा कि जिस रफ्तार से पृथ्वी का तापमान प्रतिवर्ष बढ़ता जा रहा है उससे पर्यावरण के अन्य क्षेत्रों को भयानक खतरा पैदा हो गया है। चिन्ता की बड़ी बात यह है कि हिमालय तथा दुनिया के दूसरे पहाड़ी क्षेत्रों के व अंटार्कटिक और ग्रीनलैंड के भारी हिमखण्ड टूट रहे हैं और ग्लेशियर पिघलते जा रहे हैं। घनी बर्फ की चट्टाने पिघलकर अंततः समुद्र में मिलती जा रही हैं, उससे सन् 2100 तक संसार में समुद्र का जल स्तर 60 सेमी या उससे अधिक बढ़ जाएगा और आगे के वर्षों में यह जलस्तर एक मीटर से 3 मीटर तक बढ़ सकता है, जिसका यह परिणाम होगा कि छोटे देश जो समुद्र तट पर बसे हैं धीरे-धीरे समुद्र में डूब जायेंगे।

विशेषज्ञ इस बात पर एकमत हैं कि पिछले अनेक वर्षों में विकसित और विकासशील दोनों ही देशों के द्वारा कल कारखाने से कार्बन डाइआक्साइड और दूसरी जहरीली गैस छोड़ें जाने के कारण पृथ्वी का तापमान बढ़ा है। पृथ्वी का तापमान बढ़ने का दूसरा बड़ा कारण यह है कि एशिया और लातिन अमेरिका के देशों में अंधाधुंध जंगल कटे हैं, जंगलों के कारण पृथ्वी का तापमान हमेशा नियंत्रित रहता था।

पर्यावरण प्रदूषण से विलुप्त होते जीव जंतु

यह पृथ्वी विशाल है और इस पर केवल मानव का ही नहीं वरन् सभी जीवधारियों का बराबर का अधिकार है। हमें यह स्वीकारना होगा, विविध प्रकार के प्राणियों एवं वनस्पतियों से अस्मिता और जीवंतता है। हमारे चारों ओर की भूमि जल और वायु से मिलकर बना हुआ यह पर्यावरण हमें प्रकृति से विरासत में मिला है। जिसे हमें सहेज कर रखना है। पर्यावरण प्रकृति का ही पर्याय है। यह एक विशाल मशीन की तरह है, इस विराट मशीन रूपी पर्यावरण की हर कण, बूंद और छोटा-बड़ा जीव इसका कलपुर्जा: एक में भी गड़बडी होने से सारी मशीन चरमरा जाती है।

प्रकृति के मित्र कहे जाने वाले जलीय और स्थलीय जीवजंतु गुम और कम होते जा रहे हैं। पर्यावरण और जीव वैज्ञानिक इनकी कम होती संख्या से चिंतित नजर आ रहे हैं। मेंढक, टिटहरी और कछुए भारतीय जनजीवन और संस्कृति के अहम हिस्से रहे हैं। इन प्राणियों को लेकर समाज में किस्से और लोक कहावतें कही जाती रही हैं। इनकी सांस्कृतिक, धार्मिक और कलात्मक पहचान भी वर्षों से रही है। वैज्ञानिकों के अनुसार ये जलीय जीव-जंतु मनुष्यों के साथ 35 करोड़ वर्षों से रह रहे हैं। इतने वर्षों से ये इंसान और कुदरत को हर प्रकार लाभ पहुँचाते रहे हैं। विशेषकर मिट्टी की गुणवत्ता बढ़ाने और उर्वरता बनाए रखने में बहुत उपयोगी होते हैं। वैज्ञानिकों के अनुसार ये जलीय जीव-जंतु मानव के लिए ही नहीं सारी धरती के लिए वरदान हैं। पर्यावरण संतुलन के लिए इनका होना बहुत जरूरी है।

प्रकृति का अगला कदम प्रलय:

प्रकृति शुद्ध हवा, धूप, जल, मिट्टी आदि प्राकृतिक तत्व जो शरीर का परिमार्जन करते हैं, सब हमें निशब्द प्रदान करती रही है और शायद इसी कारण से हम प्रकृति द्वारा प्रदत्त उपहारों को नकारते, उन पर हावी होने का प्रयास करते हैं और जब पृथ्वी की सहनशक्ति समाप्त होने लगती है तो वह अपना क्रोध सूखा, बाढ़, भूकम्प जैसे दण्ड देकर दिखलाती है। लेकिन आज हम अपने स्वार्थ में इतने अंधे हो गए कि दण्ड पाकर भी डीठ बच्चे की तरह फिर से उदण्डता पर उतर आते हैं और प्रकृति के साथ छेड़खानी करने से बाज नहीं आते।

प्रकृति का अति दोहन करते हैं, जंगलों की अंधाधुंध कटाई, खनिज संपदा, पशु-पक्षियों का शिकार, बड़े-बड़े बांधों का निर्माण, लार्ज स्केल कारखानों का निर्माण और बहुमंजिली भवनों का निर्माण जैसी हरकतें करते समय हम परिणाम की कल्पना नहीं करते और उसी का परिणाम है कि आज पूरा विश्व कोराना वायरस का प्रकोप भुगत रहा है। यह मानव के गाल पर प्रकृति का चांटा है यदि इसके बाद भी नहीं संभले तो हो सकता है कि प्रकृति अपना अगला कठोर कदम प्रलय के रूप में उठाए।

8. कोरोना की चपेट: बचें तो कैसे बचें

> **कोरोना की चपेट से यदि बचना है इंसान,**
> **तो तीन महामन्त्रों का फिलहाल रखना तू ध्यान।**
> **मास्क बना ले कवच अपना हाथों को धो बारम्बार,**
> **मनुष्य-मनुष्य बना ले छः फीट दूरी समय की यही पुकार।।**

हम सब इस समय एक बड़ी विपत्ति 'कोरोना' से घिरे हुए हैं। इस विषम परिस्थिति में इसकी चपेट से कैसे बचें? इस बारे में गम्भीरता से विचार करने, सुरक्षा के उपाय खोजने और उस पर अमल करने की नितान्त आवश्यकता है। वैसे तो एक दिन इस आपदा का अन्त जरूर होगा, लेकिन यह कब होगा, इस बारे में निश्चित रूप से कुछ नहीं कहा जा सकता। कुछ विशेषज्ञों का तो यह भी मत है कि कोरोना समाप्त होने के बाद भी पर्याप्त सावधानी रखने की आवश्यकता होगी, ताकि इस खतरनाक वायरस की पुनरावृत्ति न हो सके।

दक्षिण एशिया विशेषकर भारत के लोगों को किसी भी संकट या आपदा के बाद शीघ्र अभ्यस्त होने की प्रवृत्ति पायी जाती है। उनमें यह प्रवृत्ति अन्य महाद्वीपों के लोगों से अधिक है। गुजरात का भूकम्प हो या सुनामी। इन दोनों आपदाओं के बाद जीवन पटरी पर आने में अधिक समय नहीं लगा। ऐसा ही कुछ कोरोना महामारी काल में भी हो रहा है। प्रारम्भ में तो हर किसी के मन में डर था। हर एक सुरक्षा को लेकर सावधान था, लेकिन धीरे-धीरे सहजता आने लगी और हम लोग इस सहजता के अभ्यस्त हो गये। अधिक डर और सहजता, ये दोनों स्थितियाँ कोरोना काल में ठीक नहीं हैं।

वरिष्ठ मनोवैज्ञानिक विचित्रा डर्गन आनन्द कहती हैं, "यदि आप बाहर निकलते हैं और संक्रमण का डर है तो यह डर अच्छा है। वह बताता है कि आपको अपनी जिन्दगी और अपनों से प्यार है। यही डर खुद को, अपनों की जिन्दगी को सुरक्षित रखने के लिए प्रेरित करता है।

इसके विपरीत नियमों की धज्जियाँ उड़ाने वाले लोगों में किसी प्रकार का डर नहीं पाया जाता। उन्हें समस्या को सहजता से लेने की आदत होती है। ऐसे लोग कई तरह के तर्क देकर अपने अहं की तुष्टि करते हैं। लॉकडाउन में ढील अनलॉक होने के बाद कोरोना से ठीक होने वालों की संख्या में बढ़ोत्तरी

आदि का तर्क देकर वे अपने बात की पुष्टि करते रहते हैं। डॉ. अरूणा बूरटा के अनुसार नकारात्मक मनोदशा से बचें रहने में इस तरह की सोच से उन्हें मदद मिल सकती है, लेकिन यदि यह बढ़ जाय तो इस तरह की सोच घातक भी हो सकती है।

दरअसल में हमें थोड़ा डर और थोड़ा सहजता के बीच की स्थिति में रहना चाहिए, ताकि जीवन-यापन के लिए गतिविधियाँ भी चलती रहें और हम कोरोना को आमन्त्रित भी न कर सकें।

कोरोना वायरस के संक्रमण से कैसे बचा जा सकता है?

इस सम्बन्ध में विषय-विशेषज्ञों, डॉक्टरों, स्वयंसेवी संस्थाओं एवं अन्य स्रोतों से जो जानकारी मिली है, वह यथावत् प्रस्तुत की जा रही है। साथ ही विषय को रोचक और प्रभावी बनाने के लिए यथास्थान दृष्टान्त भी दिये गये हैं, ताकि जन सामान्य बातों को सहजता से समझकर ग्रहण कर सके।

कोरोना से बचाव के लिए डॉ. नीलेश डहरिया के सुझाव

इन्दौर के डॉ. नीलेश डेहरिया, एम.बी.बी.एस., एम.एस. द्वारा कोरोना के बचाव हेतु दिये गये सुझाव यथावत् प्रस्तुत हैं-

कैसे पता चलेगा कि आप कोरोना वायरस से संक्रमित हैं?

1. गला सूखना,
2. सूखी खाँसी,
3. शरीर का उच्च तापमान,
4. साँस की तकलीफ,
5. गन्ध की कमी
6. स्वाद की कमी।

कोरोना के तीन चरण

1. केवल नाक में कोरोना - रिकवरी का समय आधा दिन होता है, इसमें आमतौर पर बुखार नहीं होता है और इसे असिमोटमाटिक कहते हैं।

इसमें क्या करें - स्वयं इन्हेलिंग करें व विटामिन-सी लें।

2. गले में खराश - रिकवरी का समय एक दिन होता है।

इसमें क्या करें - गर्म पानी का गरारा करें, पीने में गर्म पानी लें, अगर बुखार हो तो पेरासिटा मॉल लें। अगर गम्भीर हो तो विटामिन-सी, बी-कॉम्पलेक्स और एण्टीबायोटिक लें।

3. फेफड़े में खाँसी - 4 से 5 दिन में, खाँसी और साँस फूलना।

इसमें क्या करें - गर्म पानी का गरारा करें, पीने में गर्म पानी लें, विटामिन-सी, बी-कॉम्पलेक्स, पेरासिटा मॉल लें और गुनगुने पानी के साथ नींबू

का सेवन करें। ऑक्सिमीटर से अपने ऑक्सीजन लेवल की जाँच करते रहें। अगर आपके पास ऑक्सीमीटर नहीं हो तो आप किसी भी दवा की दुकान से कॉल करके होम डिलेवरी लें अथवा पीएमसीएच में कॉल कर सकते हैं। गहरी साँस लेने का व्यायाम करें। अगर समस्या गम्भीर हो तो ऑक्सीजन सिलिंडर मंगायें और डॉक्टर से ऑनलाईन परामर्श लें।

अस्पताल आने के लिये स्टेज

ऑक्सीमीटर से अपने ऑक्सीजन लेवल की जाँच करते रहें। यदि यह 92 (सामान्य 98-100) डिग्री के आसपास जाता है और आपको कोरोना के लक्षण, जैसे बुखार, साँस फूलना इत्यादि, हैं तो आपको ऑक्सीजन सिलेण्डर की आवश्यकता होती है। इसके लिए तुरन्त नजदीकी स्वास्थ्य सेवा केन्द्र पर सम्पर्क करें और परामर्श लें।

1. पेरासिटा मॉल
2. बिटाडीन गार्गल, माउथवॉश के लिये
3. विटामिन सी और डी
4. बी कॉम्पलेक्स
5. भाप लेने के लिये कैप्सूल
6. पल्स ऑक्सीमीटर
7. ऑक्सीजन सिलेण्डर (केवल आपातकाल के लिए)
8. गहरी साँस लेने के व्यायाम करें।

ध्यान रखें

कोरोना वायरस का पीएच 5.5 से 8.5 तक होता है,

इसलिये वायरस को खत्म करने के लिये हमें बस इतना करना है कि वायरल की अम्लता के स्तर से अधिक क्षारीय खाद्य पदार्थों का सेवन करें।

जैसे -

हरा नींबू - 9.9 पीएच
पीला नींबू - 8.2 पीएच
एवोकैडो - 15.6 पीएच
लहसुन - 13.2 पीएच
आम - 8.7 पीएच
कीनू - 8.5 पीएच
अनानास - 12.7 पीएच
जलकुंड - 22.7 पीएच
सन्तरे - 9.2 पीएच

सूंघने और स्वाद की क्षमता कम होना कोरोना के प्रमुख लक्षण:

ब्रिटेन के वैज्ञानिकों की खोज

कोरोना वायरस के संक्रमण में गन्ध और स्वाद लेने की क्षमता का कम होना सबसे विश्वसनीय लक्षण माने गये हैं। संक्रमित व्यक्ति की दोनों क्षमताएँ धीरे-धीरे करके खत्म हो जाती हैं। ये दोनों लक्षण पूरी दुनिया में संक्रमितों में पाये गये हैं। यह जानकारी ब्रिटेन में वैज्ञानिकों के शोध से निकलकर आयी हैं। लन्दन के प्राथमिक स्वास्थ्य केन्द्रों के आँकड़ों का अध्ययन करने पर पता चला कि कोरोना से ग्रस्त 78 प्रतिशत मरीजों को सूंघने और स्वाद लेने की क्षमता पूरी तरह या काफी सीमा तक खत्म हो गयी थी। इनमें से 40 प्रतिशत को बुखार नहीं था और खाँसी जुकाम के लक्षण भी नहीं थे।

लहसुन और गुड़ के चमत्कारी प्रभाव -

जितेन्द्र सेठिया, पूर्व प्रदेश अध्यक्ष, सरपंच संघ, जयपुर

बचपन से मुझे सर्दी-जुकाम के दौरान फेफड़ों का संक्रमण होना आम बात थी। किसी ताकतवर एण्टीबॉयटिक (Antibiotic) से भी फायदा नहीं होता था, लेकिन केवल 5 लहसुन की कच्ची कलियाँ रात में गुड़ में लपेटकर चबाकर खा जाता था और रात्रि और अगले दिन सुबह एक घण्टे तक पानी नहीं पीता था, जो संक्रमण किसी भी एण्टीबायोटिक से ठीक नहीं होता था, वह केवल एक खुराक से 99 प्रतिशत तक ठीक हो जाता था।

मेरा पूरा विश्वास है कि अगर कोरोना वायरस से पीड़ित व्यक्ति को 3-3 लहसुन की कलियाँ सुबह-दोपहर और शाम को गुड़ में लपेटकर खिला दें तो कोरोना वायरस चार-पाँच दिन में पूरी तरह समाप्त हो जायेगा।

लहसुन वैसे भी एण्टीफंगल (Anti Fungal) होता है और कोरोना वायरस भी एक तरह से म्यूकस (Mucus) ही है लहसुन खाने से कोई नुकसान नहीं है। यह नुस्खा अपनाकर आप स्वयं और अपने परिवार को स्वस्थ रखने में सहायक होंगे, मेरा ऐसा विश्वास है।

कोरोना संक्रमण से बचें

काली मिर्च, अदरक और नींबू का काढ़ा पीयें

कोयम्बटूर। ई एसस आई हास्पीटल, कोयम्बटूर (तमिलनाडु) 141/141 इससे ठीक हो गये और घर लौट आये।

पानी में थोड़ी काली मिर्च पाउडर, नींबू का रस और अदरक का एक टुकड़ा मिलाएँ और पानी को उबालकर पीयें।

यदि हम दिन में 2 या 3 बार इसको पीते हैं तो हम वायरस या बैक्टीरियल संक्रमणों से प्रभावित नहीं होंगे।

एक विशेष रासायनिक प्रतिक्रिया तब बनती है, जब अदरक, काली मिर्च और नींबू के रस को पानी में मिलाकर उबाला जाता है।

यह नया रासायनिक परिवर्तन किसी भी बुरे वायरस और बैक्टीरिया को मार देगा।

कोरोना नामक इस वायरस के बारे में कैसे पता चलता है, जो दिन-प्रतिदिन अपने आणविक आकार को बदलता है? चिकित्सा जगत् इसे खालीपन से देख रहा है।

अदरक, काली मिर्च और नींबू त्रिमूर्ति है, जो भविष्य के सभी जादू वायरस राक्षसों को नष्ट कर देंगे, चाहे इस कोरोना जादू की तरह कितने नये जादूगर हों।

कर्नाटक में कोरोना रोग को नियन्त्रित करने के लिये -

अदरक, काली मिर्च और नींबू के रस का उपयोग किया जा रहा है।

अदरक, नींबू, काली मिर्च हर जगह उपलब्ध है। यह अद्भुत, सरल चिकित्सा पद्धति यदि दुनिया के सभी देशों में जाती है तो हम सभी कोरोना वायरस को हराने में सहयोग कर सकते हैं।

फेफड़ों की परेशानी

दूर करें, एक फिटकरी, शहद और अदरक

100 ग्राम फिटकरी तवे पर रखिये। पिघल जाये तो उसे ठण्डा कर लीजिये। उसे तवे से उतारकर कूटकर एक डिब्बी में डालकर रख लें। यह आपकी रामबाण दवाई है, जिसके फेफड़े सीज हो, दमा हो या दिल कमजोर हो, बलगम हो, उसे दी जा सकती है।

किसी के दाँत में दर्द हो तो इससे कुल्ला करें, किसी घाव पर लगायें, इसे बाल्टी में डालकर उस पानी से नहायें, सब्जियाँ धो लें आदि।

यह एकमात्र ऐसा सेनिटाइजर है, जिसका उपयोग सबमें किया जा सकता है।

फेफड़े की समस्त परेशानियों में रामबाण दवाई है, यह।

कैसे बढ़ायें ऑक्सीजन लेवल

इस कोरोना महामारी के समय में लोगों की ऑक्सीजन की कमी (श्वास लेने में तकलीफ) हो जाती है। ऑक्सीजन लेवल को तुरन्त बढ़ाने के लिये एक चम्मच अजवाइन और थोड़ा-सा कपूर पीसकर कपड़े की एक पोटली बनाकर उसे सूंघने से ऑक्सीजन लेवल बढ़ता है, सामान्य ऑक्सीजन लेवल हो तो भी दिन में 2-3 बार पोटली सूंघ सकते हैं। यह सिरदर्द में भी काफी राहत देता है।

कोरोना की दवाई आपके शरीर में

डॉ. राजश्री सिंह, आई.जी. हरियाणा ट्रैफिक एण्ड हाईवे

कोरोना वायरस की कोई दवा अभी नहीं बनी है। जो भी कोरोना से स्वस्थ हुए हैं, वे सिर्फ अपनी इम्यूनिटी (शरीर में स्वयं रोगों से लड़ने की ताकत) से ही ठीक

हुए हैं। बहुत लोगों की ऐसी धारणा है कि ये बीमारी एक बार तो सबको ही होना है, जिसकी इम्यूनिटी अच्छी होगी, वह बच जायेगा और जिसकी अच्छी नहीं होगी, वह नहीं बचेगा। मतलब ये हुआ कि हमारे शरीर की इम्युनिटी ही कोरोना की दवाई है तो हमें सारा ध्यान अपनी इम्युनिटी बढ़ाने पर देना चाहिए। यदि आप इस महामारी को मात देना चाहते हो तो हमें यह सीखने की बहुत आवश्यकता है कि किन चीजों से इम्युनिटी बढ़ती है।

इम्युनिटी बढ़ानेवाली चीजें

1. योगा, 2. व्यायाम या कोई खेल, 3. घर का बना शुद्ध भोजन, 4. आंवला (किसी भी रूप में खायें), 5. फल (खासकर खट्टे फल), 6. हरी सब्जियाँ, 7. दालें, 8. गुड़, 9. शुद्ध तेल कोई भी (रिफाइण्ड बिलकुल नहीं), 10. तुलसी व अन्य आयुर्वेदिक पेय पदार्थ, 11. दूध, दही, लस्सी, घी आदि।

उपर्युक्त चीजों को अपनाकर आप इपनी इम्युनिटी इतनी स्ट्रांग बना सकते हो कि कोरोना को मात दे सकें। ध्यान रहे, आपकी इम्युनिटी ही कोरोना की दवाई है।

अन्धविश्वास से बचें, बचाव में शिथिलता न आने दें

अन्धविश्वास या अति विश्वास के कारण कई लोगों ने मुंह की खायी और बहुत हानि उठानी पड़ी। इसका एक बड़ा प्रमाण इतिहास में सोमनाथ की हार के रूप में मिलता है। जब महमूद गजनवी ने गुजरात के इस मन्दिर पर आक्रमण किया था। उस समय सोमनाथ मन्दिर के प्रमुख प्रबन्धक और मुख्य पुजारी गंग सर्वज्ञ थे। गंग सर्वज्ञ एक ऐतिहासिक पात्र हैं और अपने समय के प्रकाण्ड विद्वान् रहे हैं। सारे देश की जनता ही नहीं, देशभर के विद्वानों सहित सभी राजगण भी उन्हें मानते थे। उनके व्यक्तित्व को महानतम समझा जाता था और जैसा कि उनके नाम के सामने उपाधि थी, 'सर्वज्ञ'। उसी रूप में उन्हें उनकी बातों को देखकर, समझकर माना जाता था, किन्तु गंग सर्वज्ञ गजनवी के हमले से लेकर मन्दिर लुट जाने और सोमनाथ की मूर्ति के खण्डित हो जाने तक यही कहते रहे कि भगवान् अपनी रक्षा करने में स्वयं समर्थ हैं। मन्दिर की रक्षा के लिए वे अवश्य प्रकट होंगे तथा अपना तीसरा नेत्र खोलकर आक्रमणकारियों को भस्म कर देंगे।

गंग के इस आश्वासन और लोगों के उनके प्रति अति-विश्वास के कारण प्रतिरोध का प्रयत्न शिथिल पड़ता गया और लोग उस चमत्कार का इन्तजार करने लगे। गजनवी आया और मन्दिर लूटकर तथा मूर्ति तोड़कर चला गया। न भगवान् शंकर प्रकट हुए और न उन्होंने अपने तृतीय नेत्र से आक्रान्ताओं को भस्म किया। यह उनका अति-विश्वास ही था, जो अन्धविश्वास बनकर इस रूप में बोला था। लोगों ने उनके कथन पर आँखें मूंदकर विश्वास किया व चमत्कार देखने की प्रतीक्षा में अपने प्रयत्नों को शिथिल छोड़कर जानते-बूझते अपने आपको लुटने दिया।

अतः कोरोना संक्रमण के बचाव के लिए किसी अन्धविश्वास या अति-विश्वास से बचें और अपने प्रयत्नों में शिथिलता न आने दें।

मत निकल, मत निकल, मत निकल - डॉ. हरिवंशराय बच्चन

डॉ. हरिवंशराय बच्चन की 70 वर्ष पूर्व लिखी यह कविता आज कोरोना के काल में बहुत उपयुक्त जान पड़ती है। इस कविता का एक-एक शब्द जैसे आज की परिस्थिति में हमारे लिए उन्होंने लिखा है-

शत्रु ये अदृश्य है,
विनाश इसका लक्ष्य है,
कर न भूल, तू जरा भी ना निकल।
मत निकल, मत निकल, मत निकल।।
हिला रखा है विश्व को,
रूला रखा है विश्व को,
फूंककर बढ़ा कदम, जरा सम्भल।
मत निकल, मत निकल, मत निकल।।
उठा जो एक गलत कदम,
कितनों का घुटेगा दम,
तेरी जरा सी भूल से,
देश जायेगा दहल।
मत निकल, मत निकल, मत निकल।।
संतुलित व्यवहार कर,
बन्द तू किवाड़ कर,
घर में बैठ, इतना भी तू ना निकल।
मत निकल, मत निकल, मत निकल।।

कोरोना के लिए सन्त-कवियों की सीख

कोरोना वायरस के संक्रमण से बचने और सावधानी रखने के लिए नामी-गिरामी सन्त-कवियों के नाम से बनायी गयी काव्यात्मक पंक्तियाँ -

रहीमदास

रहिम घर से जब चलो, रखिये मास्क लगाय।
ना जाने किस वेश में, मिले कोरोना आय।।

कबीरदास

कबीरा काढ़ा पीजिये, काली मिरच मिलाय।
रात दूध-हल्दी पियो, सुबह पीजिये चाय।।

तुलसीदास

छोटा सेनिटाइजर, तुलसी रखिये अपने जेब।
न काहू सो मांगिहो, न काहू को देब।।

सूरदास

सूरदास घर में रहो, ये है सबसे वेस्ट।
ज्वर, जुकाम, सर्दी लगे, तुरन्त करा लो टेस्ट।।

मलूकदास

बिस्तर पर लेटे रहो, सुबह-शाम दिन-रात।
एक तो रोग भयंकर, ऊपर से बरसात।।

कोरोना से बचने एवं उबरने के लिए केन्द्रीय स्वास्थ्य मन्त्रालय के निर्देश

केन्द्रीय स्वास्थ्य मन्त्रालय को यह जानकारी मिली है कि कोरोना संक्रमण ठीक होने के बाद भी लोगों को कमजोरी, शरीर में दर्द, खाँसी, गले में खराश और साँस लेने में परेशानियाँ, जैसी समस्याओं का सामना करना पड़ रहा है। लेकिन, घबराने की आवश्यकता नहीं है, हालांकि ऐसे लोगों की संख्या कम ही है।

केन्द्रीय स्वास्थ्य मन्त्रालय ने कोरोना से उबरने वाले लोगों के लिए दिशा-निर्देश जारी किए हैं। ताकि कोरोना का पुनः संक्रमण (Re-infection) न हो सके। ऐसे लोगों को योग करने और च्यवनप्राश व हल्दी का दूध सेवन करने की सलाह दी गयी है।

मन्त्रालय की सलाह

1. प्रतिदिन आयुष काढ़े का सेवन करें
2. गरम पानी में नमक और हल्दी मिलाकर उससे गरारे करें।
3. पर्याप्त मात्रा में गरम पानी पीयें
4. समशामनी वटी, गिलोय पाउडर का प्रयोग करें।
5. घरेलू कामकाज करते रहें, किन्तु अन्य कार्य धीरे-धीरे शुरू करें।

शरीर और मन को स्वस्थ रखने के लिए क्या करें?

1. आसानी से पचनेवाले पौष्टिक और सन्तुलित आहार लें।
2. प्रातः और शाम के समय आराम-आराम से टहलें।
3. ताजा पका हुआ भोजन खायें, पर्याप्त नींद लें।
4. योगासन व प्राणायाम के साथ ही ध्यान करें।
5. डॉक्टर की सलाह पर साँस सम्बन्धी व्यायाम करें।

इसके अतिरिक्त मास्क पहनने, कुछ अन्तराल पर हाथ धोते रहने और शारीरिक दूरी बनाये रखने की भी सलाह दी गयी है।

कोरोना संक्रमण के विरुद्ध करें, मजबूत किलेबन्दी

-डॉ. वी.पी.नारवे, गजरा मेडीकल कॉलेज, ग्वालियर

कोरोना वायरस का संक्रमण मुंह और नाक के जरिये तेजी से फैलता है। फिर

यह वायरस श्वसन मार्ग को संक्रमित कर अन्य अंगों को प्रभावित कर देता है। यही कारण है कि हमें मास्क लगाने के साथ ही हाथों की सफाई का विशेष ध्यान रखने की बार-बार सलाह दी जा रही है। यह सौ फीसदी सच है कि शारीरिक दूरी, मास्क और हाथों की सफाई ही कोविड-19 से बचने के कारगर उपाय हैं। यदि आप नाक, कान और गले से जुड़ी किसी भी तरह की तकलीफ से पहले से ही त्रस्त हैं या इनका उपचार चल रहा है तो अतिरिक्त अन्य सावधानी बरतने की जरूरत है। इन दिनों कोरोना के अतिरिक्त अन्य बीमारियों के संक्रमण का भी खतरा है, इसलिए चिकित्सक से ऑनलाईन उपचार लें और अगर बहुत आवश्यक है तो अस्पताल जायें, लेकिन संक्रमण से सुरक्षा के उपाय अपनाना न भूलें।

कोरोना से बचने के लिये भाप तकनीक

- डॉ. सुधीर उपाध्याय

कोरोना महामारी को हराने के लिये पूरे विश्व में रिसर्च जारी है, लेकिन क्या आप जानते हैं कि यूकेलिप्टस यानी सफेदा के पेड़ का तेल, जिससे बॉम बनता है, इस महामारी को नष्ट कर सकता है।

कोटा स्टेशन स्थित राजकीय स्वास्थ्य केन्द्र के प्रभारी डॉ. सुधीर उपाध्याय का कहना है कि कोरोना महामारी का इलाज आपके रसोईघर के भीतर से ही निकल सकता है।

डॉ. उपाध्याय का कहना है कि बाम जिसे कि माथा दुःखने पर हम अपने माथे पर लगाते हैं, जो कि हर जगह उपलब्ध रहता है, वो नीले-पीले किसी भी रंग का हो, उसे तपेली के उबलते पानी में एक चुटकी डाल दीजिये और देख लीजिये कि वह पानी में घुल गया हो। पानी 100 डिग्री तापक्रम का हो। इसके पश्चात् उसे 70 डिग्री तापक्रम की भाप से एक बार मुंह से एक बार नाक से खींच कर फेफड़ों तक पहुँचाना है। यह क्रिया सुबह-शाम यानी दिन में दो बार करें।

कोरोना वायरस नाक से घुसता, गले में बढ़ता और फेफड़ों में अपना चमत्कार दिखाता है। अतः बाम की भाप लेना, कोरोना संक्रमण से बचने का एक प्रभावी नुस्खा है।

कोरोना भगाओ, जागरूकता लाओ अभियान समिति के सुझाव

यदि आप कोरोना को हराना चाहते हैं, अपने आपको और परिवार को बचाना चाहते हैं तो निम्नलिखित बातों को व्यवहार में लाएं-

1. खाली पेट न रहें, उपवास न करें।
2. ए.सी. का प्रयोग न करें, रोज एक घण्टे धूप लें।
3. गरम पानी पीयें, गले को गीला रखें।
4. सरसों का तेल नाक में लगायें।

5. घर में कपूर एवं गूगल जलायें।

6. आधा चम्मच सोंठ हर सब्जी में पकाते हुए डालें, दालचीनी का प्रयोग करें।

7. बच्चों को और खुद भी रात को एक-एक कप हल्दी डालकर दूध पीयें।

8. हो सके तो एक चम्मच च्यवनप्राश खायें।

9. सुबह की चाय में एक लोंग डालकर पीयें।

10. आंवला किसी भी रूप, अचार, मुरब्बा, चूर्ण में खायें, फल में सिर्फ सन्तरा ज्यादा खायें।

कोरोना का इलाज आयुर्वेद और योग से

- डॉ. हर्षवर्धन, केन्द्रीय स्वास्थ्य मन्त्री

स्वास्थ्य मन्त्री डॉ. हर्षवर्धन ने बताया कि कोरोना मरीजों के इलाज में ट्रायल के दौरान आयुर्वेदिक दवाओं और योग के प्रामाणिक रूप से प्रभावी पाये जाने के बाद इसे औपचारिक रूप से इलाज में शामिल करने का फैसला किया गया है। इससे कोरोना के सिर्फ हलके और गैर लक्षणों वाले मरीजों का ही इलाज किया जा सकता है। गम्भीर मामलों में कोरोना के मरीजों को एलोपैथिक इलाज के लिए कोरोना अस्पताल में भेजना अनिवार्य है।

कोरोना की चपेट से बचने के तीन महामन्त्र

- डॉ. द्वारकादास बाहेती, भायंदर, मुम्बई

याचक -

प्रभु, मदद करो। हम हो गये, बहुत हैरान।
कोरोना से अब तो छुटकारा, दिलाओ ना भगवान।।

भगवान उवाच-

बार-बार मुझको, क्यों कर रहा तू परेशान,
जब मेरे तीन मन्त्रों को नहीं रहा तू मान।।
इसलिये अपने कर्मों का ही फल, तू भोग रहा नादान।।
मैं न कुछ करता, न करवाता, बस तुझको राह दिखाता,
गीता में भी दिया तुझको मैंने यही ज्ञान।
कोरोना से जीतेगा तू, रखना तीन महामन्त्रों का ध्यान।।
सेनेटाइज कर हाथों को या धो उन्हें बारम्बार,
'मास्क' बना ले अपना कवच,
और तीसरा महामन्त्र ध्यान से सुन नादान।
मनुष्य से मनुष्य की दूरी छः फीट हो, इतना रखना ध्यान।।

वरना कौरव सा तू भी खो सकता है अपने प्राण।
फिर करना मात्र शिकायत
मुझे दोष मत देना, ऐ: बेवकूफ इंसान।

मास्क कोरोना वायरस से बचाव का सबसे बड़ा रक्षक

कोरोना वायरस से बचाव के लिए जब तक वैक्सीन नहीं आती और हम तक नहीं पहुँचती, तब तक मास्क ही हमारी और आपकी सुरक्षा के लिए अनिवार्य है। इस समय मास्क हमारे और आपके जीवन का सबसे महत्त्वपूर्ण और विश्वसनीय साथी है।

मास्क न केवल आपको संक्रमित होने से बचायेगा, बल्कि आपके सामने वाले को भी बचायेगा। कोरोना वायरस एक से दूसरे व्यक्ति को मुंह या नाक से निकलने वाले थूक के कण (Drop plets) से ही हो जाता है। इस ड्रापप्लेट्स से बचाव मास्क ही कर सकता है।

मास्क पहना हो तो कोरोना का खतरा 90 प्रतिशत घट जाता है

क्योंकि बात करते समय हमारे मुंह से निकलने वाले ड्रापप्लेट्स 1.5 से 2 फीट तक जाते हैं। यदि मुंह पर मास्क हो, यही ड्रापप्लेट्स 2.5 इंच से आगे नहीं बढ़ पाते। इस कारण कोरोना संक्रमण का खतरा 90 प्रतिशत खत्म हो जाता है।

मास्क नहीं तो

मास्क नहीं पहना हो तो कोरोना संक्रमण का खतरा 95 प्रतिशत बढ़ जाता है, क्योंकि जोर-जोर से बात करते समय ड्रापप्लेट्स की रेंज 6 फीट तक हो जाती है, जिससे मास्क न होने पर आसपास खड़े लोगों को संक्रमित होने का खतरा 95 प्रतिशत तक बढ़ जाता है।

कैसा मास्क पहनें?

घर में बना हुआ फेब्रिक मास्क या थ्री लेयर वाला सर्जिकल मास्क उपयोगी है। थ्री लेयर वाले मास्क में पहला लेयर तरल पदार्थ को रोक लेता है। थ्री लेयर वाले मास्क में ज्यादा गहरा रंग वाला साईड बाहर की ओर हो। मास्क इस तरह पहनें कि दोनों ओर से कोई गैप न हो। मास्क को बार-बार न छूएँ।

कई एशियाई देशों ने कोरोना वायरस संक्रमण के शुरूआत के 15 से 30 दिन में मास्क का महत्त्व समझ लिया था। इसे अनिवार्य किया। अब वहाँ नये केस कम हैं, मौतें कम हैं। मृत्यु दर पर भी लगाम है। वर्जिनिया कॉमनवेल्थ यूनिवर्सिटी के 198 देश के शोध में भी मास्क ही बचाव का अहम साधन सिद्ध हुआ है।

मास्क के बारे में ये भी जरूरी सावधानियाँ हैं

1. बात करते समय मास्क कतई न हटायें।
2. मास्क को छूने के बाद साबून से हाथ धोयें।
3. मास्क अगर गीला हो जाये तो तुरन्त बदल लें।
4. मास्क की जगह रूमाल या दुपट्टे से मुंह ढकना कारगर नहीं है।
5. मास्क से मुंह और नाक दोनों ढककर रखना जरूरी है।
6. जब भी मास्क निकालें तो उसे किसी सूरत में सरफेस पर न रखें।

न्यू इंग्लैण्ड जर्नल ऑफ मेडिसन ने लिखा है कि मास्क लगाने वाले को यदि कोरोना हो भी जाये तो उसका असर बहुत कम रहेगा, क्योंकि मास्क शरीर में प्रवेश होने वायरस लोड 90 प्रतिशत तक कम देता है, जबकि एण्टी बॉडी विकसित हो जाते हैं। इससे मरीज गम्भीर नहीं होता।

डब्ल्यु.एच.ओ (WHO) की एक रिपोर्ट में कहा गया है कि 80 प्रतिशत आबादी को जब तक वैक्सीन नहीं मिल जाता, तब तक वहाँ महामारी को रोके रखने के लिए मास्क ही सबसे बड़ा हथियार बना रहेगा।

अमेरिका के राष्ट्रपति ट्रम्प मास्क लगाने के मामले में कभी भी गम्भीर नहीं थे। कई बार तो उन्होंने मास्क का मजाक भी उड़ाया, नतीजा यह हुआ कि वे पत्नी मेलनिया सहित कोरोना की चपेट में आ गये थे।

मास्क पहनने के साथ-साथ एक दूसरे से कम से कम एक मीटर की दूरी बनाकर रखना भी अति आवश्यक है। इसके अलावा भीड़भाड़ वाली जगह पर जाने से हर हालत में बचें। पार्टी और उत्सव के कार्यक्रमों से दूर रहें, क्योंकि यहाँ ज्यादा लोग होंगे तो संक्रमण का खतरा भी उतना ही ज्यादा होगा।

ईश्वर उसी की सहायता करता है, जो स्वयं की सहायता के लिये तत्पर रहता है - एक दिलचस्प उदाहरण

एक व्यक्ति ईश्वर का बड़ा भक्त था। उसे ईश्वर पर भरोसा था। जब लोग बढ़ते हुए कोरोना संक्रमण से भयभीत हो, उसके बचने के उपाय खोज रहे थे, लेकिन वह ईश्वर पर भरोसा रखने वाला व्यक्ति बेफिक्र था। कोरोना से बचने के लिए बताये गये तरीकों की अनसुनी कर रहा था।

शासन एवं स्वयंसेवी संस्थाओं द्वारा बारम्बार एलान किया जा रहा था कि भीड़भाड़ वाली जगह न जायें, सोशल डिसटेंस का पालन करें, मास्क पहने एवं अन्य सावधानियाँ बरतें। वह व्यक्ति इन बातों को उपेक्षा भाव से सुनता और कहता, मुझे ईश्वर पर भरोसा है, मुझे कुछ नहीं हो सकता।

उसे भीड़भाड़ की जगह जाने में कोई हिचक नहीं थी, लगातार जाता रहा था। मास्क पहनना बेकार समझता था। एक स्वयंसेवी संस्था बिना मूल्य मास्क बाँट रही थी, उसने उसे लेने से भी इनकार कर दिया।

एक दिन उस व्यक्ति का स्वास्थ्य अचानक खराब हो गया। उसमें कोरोना संक्रमण के लक्षण नजर आने लगे। लोगों ने उससे अस्पताल जाने का आग्रह किया, किन्तु उसने उनके आग्रह को टाल दिया और कहा कि मुझे ईश्वर पर भरोसा है, मेरा कुछ नहीं होगा। इस बीच लोगों ने प्रशासन को सूचना दे दी, उसे लेने के लिए एम्बूलेंस रवाना हुई, किन्तु उसे इसकी भनक लगते ही वह घर से बाहर कहीं चला गया। एम्बूलेंस आकर खाली ही लौट गयी।

इस घटना के 5-6 दिन बाद वह बेहोशी की हालत में पड़ा मिला। उसे अस्पताल ले जाया गया। पाँच दिन बाद उसने दम तोड़ दिया। उसकी कोरोना रिपोर्ट भी पॉजीटिव आयी।

मरकर वह जब ईश्वर के पास पहुँचा तो उसने गुस्से से पूछा- मुझे आप पर पूरा भरोसा था। आपने मेरी प्रार्थना को अनसुना क्यों किया और मुझे बचाया क्यों नहीं?

ईश्वर ने कहा- क्या तुम समझते हो भीड़भाड़ में न जाने की सलाह किसने दी थी? मास्क कौन दे रहा था? एम्बूलेंस किसने भेजी थी?

जहाँ तक ईश्वरीय सहायता की बात है तो वह हर समय मनुष्य के साथ रहती है, पर वह तभी काम करती है, जब आदमी पहले अपनी सहायता आप करता है। इसलिए कहा गया है -

"God helps those who help themselves."

9. प्रार्थनाः कोरोना काल का एक शक्तिशाली सम्बल

आज मनुष्य निरीह, असहाय, उत्तेजनाओं से पीड़ित और परेशान है। 'कोरोना दानव' की विभीषिकाओं और भय में असन्तुलित हो गया है। मानव मन की शान्ति, प्रसन्नता, आत्म-सन्तुष्टि, आनन्द तिरोहित हो गये हैं। इनकी पुनः प्रतिष्ठापना ईश्वर पर दृढ़ आस्था से सम्भव हो सकती है।

जन्म और मृत्यु जीवन की दो महत्त्वपूर्ण घटनाएँ हैं। इनमें मृत्यु का नाम सुनकर प्राणी भयभीत हो जाता है। मृत्यु का भय अन्य सभी प्रकार के भयों से अधिक प्रभावशाली है, जो मनुष्य के मन में बहुत बड़ी प्रतिक्रिया पैदा करता है। इस प्रतिक्रिया के फलस्वरूप मनुष्य में एक तीव्र तनाव पैदा होता है और इस तनाव से मनुष्य की क्षमताओं का बहुत बड़े रूप में क्षय होता है। मृत्यु के भय से लोग तत्क्षण मरते देखे गये हैं, पागल हो जाते हैं। कोरोना काल में कुछ ऐसी ही स्थितियाँ पैदा हुई हैं।

प्रार्थना मनोवैज्ञानिक ऊर्जा का विपुल स्रोत है। जब हम दुःखों के बीच स्वयं को असहाय पाते हैं तो जीवन के ऐसे क्षणों में प्रार्थना हमारी सबसे ज्यादा मददगार होती है। वह हमारे मन को सकारात्मक विचारों की ओर ले जाती है। आशाओं को पुर्नजीवित करती है, तनाव, निराशा के गर्त से बचाती है। वह जीवन के दुःखों और परेशानियों के क्षणों का सामना करने हेतु हमें साहस देती है।

प्रार्थना कभी खाली नहीं जाती

जैसी कहावत है कि भगवान हमारी भावना का भूखा है, वह तो दो हाथ एक मस्तक के साथ पूर्ण समर्पण का भूखा है, इसलिए संकट में पड़ा हुआ भक्त जब भी इस समर्पण से प्रभु की शरण में गया है, तब प्रभु ने उसका उद्धार अवश्य किया है। ध्रुव, प्रह्लाद, सुदामा, शबरी, मीरा, इसके ज्वलन्त उदाहरण हैं। यही नहीं, पशुओं में भी गज की प्रार्थना से पिघलकर प्रभु रक्षा हेतु दौड़ आये थे। गुरुद्वारे में टिका हुआ अरदास का मत्था, दुआ माँगने के लिए उठे हुए इस्लाम के दो हाथ, केण्डिल के प्रकाश में प्रभु ईशु से क्षमा; ये सभी प्रार्थना के ही चिह्न हैं।

संत मदर टेरेसा के अनुसार प्रार्थना अपने सबसे विश्वस्त, सर्वसमर्थ तथा सबसे आत्मीय सत्ता से जुड़ने की एक सरल, किन्तु अत्यन्त प्रभावशाली आध्यात्मिक

प्रक्रिया है। जो क्रिया में सामान्य होते हुए भी प्रतिक्रिया की दृष्टि से असामान्य है। पवित्र भावों से की गयी प्रार्थना असम्भव को भी सम्भव कर सकने में सक्षम है।

जब कोई व्यक्ति भाव भरे अन्तःकरण से उस सर्वशक्तिमान ईश्वर को पुकारता है तो व्यक्ति की अटूट श्रद्धा और अविचल विश्वास उसका सिंहासन हिलाकर उसे सहायता करने पर विवश कर देता है, इसीलिए कहा गया है-

अन्तर्मन से निकली प्रार्थना कभी खाली नहीं जाती।
यानी कि वह भगवान से भी टाली नहीं जाती।।

प्रार्थनाएँ सुनी जाती हैं

प्रार्थना ...... प्रेयर या फिर इबादत .... जो चाहे कह लें, यह दुनिया के हर धर्म का अटूट हिस्सा है। उठते ही प्रार्थना, सोने से पहले प्रार्थना, स्कूल में प्रार्थना, खाने से पहले प्रार्थना, खाने के बाद प्रार्थना ..... सांस्कृतिक कार्यक्रम के पहले प्रार्थना। आखिर इतनी प्रार्थना क्यों? चूंकि प्रार्थना धर्म का सबसे महत्त्वपूर्ण हिस्सा है, इसलिए हमारे जीवन का भी महत्त्वपूर्ण हिस्सा है।

अंग्रेज कवि टेनीसन का कथन है - ''सांसारिक मनुष्य जो सोचता है और करता है, उससे कहीं अधिक सामर्थ्य प्रार्थना में है। प्रार्थना तो परमेश्वर से वार्तालाप करने की एक आध्यात्मिक प्रणाली है।''

सुप्रसिद्ध मनीषी नार्मन विंसेंट पाल में अपनी पुस्तक 'ट्रेजरी ऑफ करेज एण्ड कांफीडेंस' में लिखा है कि ''जीवन को पवित्र, प्रखर सुखमय एवं क्षमता सम्पन्न बनाने के लिए नियमित रूप से प्रार्थना करना अनिवार्य है। यह प्राण ऊर्जा उत्पन्न करने, शारीरिक, मानसिक, स्वास्थ्य संवर्धन की सर्वोच्च्च साधना है।''

जापान का प्रसिद्ध धर्म है, शिष्टो। इस शब्द का अर्थ है, दी वे ऑफ क्रामी, अर्थात् श्रेष्ठता, पवित्रता। देवताओं तक पहुँचने का मार्ग प्रार्थना है। शिष्टो धर्म की मान्यता है कि देवता अदृश्य, अशरीरधारी, दिव्य शक्तियाँ हैं, जो सच्ची प्रार्थना का प्रत्युत्तर भी दिया करती हैं।

डॉ. कैरिल का कथन है- ''जब हम प्रार्थना करते हैं तो स्वयं को उस शक्ति से जोड़ लेते हैं, जो सम्पूर्ण विश्व का संचालन एवं नियन्त्रण करती है, जिसकी सीमा अपरिमित है।''

होर्न नाम विद्वान ने कहा है कि ''प्रार्थना विश्वास की आवाज है। हृदय से ही गयी प्रार्थना विपत्तियों को दूर करती है।''

कण्ठकोकिला भारतरत्न लता मंगेशकर का कहना है कि ''प्रार्थनाएँ सुनी जाती हैं, वे हमारे ऊपर आयी परेशानियों के निदान में मदद करती है, ऐसा मैंने स्वयं अनुभव किया है।''

अमेरिका के पूर्व राष्ट्रपति अब्राहम लिंकन का कथन है- ''मैं कई बार इस जबरदस्त यकीन के साथ प्रार्थना में घुटनों पर झुक जाता हूं कि मेरे लिए अब और कोई ठौर-ठिकाना नहीं है। उस दिन मुझे अपनी बुद्धि अपर्याप्त लगती है।''

प्रार्थना और विज्ञान

डॉ. थॉमस केवल भौतिक विज्ञानी थे, किन्तु प्रार्थना की शक्ति में उनका अटूट विश्वास था, जिसके माध्यम से वे सैकड़ों मरीजों को स्वस्थ करके ख्याति अर्जित कर चुके थे। अतः स्पष्ट है कि अब विज्ञान भी इस बात को मानने के लिये मजबूर हो गया है कि प्रार्थनाएँ सचमुच सुनी जाती हैं। इस बात को अमेरिका के इंडियाना यूनिवर्सिटी के एक शोध सर्वेक्षण में साबित किया गया है। प्रोफेसर कैण्डी गंथर ब्राउन की देखरेख में डॉक्टरों की एक टीम के साथ यह शोध मोजम्बिक के सुदूर ग्रामीण क्षेत्र में सम्पन्न हुआ। इस शोध के दौरान पाया गया कि उन मरीजों के मुकाबले जिनके लिए प्रार्थनाएँ नहीं की गई, उन मरीजों की दवाएँ ज्यादा कारगर साबित हुई, जिनके लिए प्रार्थनाएँ की गयी थीं।

एक नये शोध में विस्कोसन मेडिसन विश्वविद्यालय के शोधकर्ताओं ने दावा किया कि जो लोग जीवन के कठिन दौर में प्रार्थना का रास्ता चुनते हैं, वे अपनी भावनाओं और परेशानियों का मुकाबला आसानी से कर लेते हैं। अमेरिका में 75 प्रतिशत लोग ऐसे हैं, जो बीमारी, दुःख, सदमे के कारण होने वाले नकारात्मक प्रभाव से बचने के लिये सप्ताह में एक बार प्रार्थना करते हैं।

अमेरिकी साइकियाट्रिक एसोसिएशन का मानना है कि दिल के 10 प्रतिशत मरीज प्रार्थनाओं के जरिये ठीक हो जाते हैं, इसलिए देखा गया है कि गम्भीर रूप से बीमार चाहे, वे अमेरिकी हों या भारतीय, वे और उनके घरवाले मेडिकल साइंस के साथ-साथ उतना ही और कई बार तो उससे भी ज्यादा विश्वास प्रार्थनाओं पर करते हैं। प्रार्थनाओं को लेकर पहले भी कई वैज्ञानिक शोध हुए हैं और उन सभी का साझा निष्कर्ष यह है कि कई बार उन्होंने पाया कि प्रार्थनाएं वाकई चमत्कार करती हैं।

पर्यावरण को शुद्ध व परिष्कृत करती प्रार्थना

कई मनोवैज्ञानिक इस निष्कर्ष तक पहुँच चुके हैं कि मानसिक अथवा भावनात्मक रूप से दुःखी व्यक्तियों के उपचार में प्रार्थना महत्त्वपूर्ण भूमिका निभाती है। प्रार्थना केवल उसी व्यक्ति पर प्रभाव नहीं डालती, जो प्रार्थना करता है, अपितु उस सम्पूर्ण वातावरण को भी प्रभावित करती है, जिसमें वह व्यक्ति रहता है। मस्तिष्क में उठनेवाली तरंगें, जो शक्ति और शुभेच्छाओं से पूर्ण होती हैं, पर्यावरण को शुद्ध व परिष्कृत करती हैं और सकारात्मक ऊर्जा का संचार कर हमारे जीवन की परेशानियों को दूर करने में मददगार होती है।

प्रार्थना का चमत्कार - एक सत्य घटना

बड़ौदा के वरिष्ठ हृदय रोग विशेषज्ञ की सुनिये, आपबीती घटना जिसने उनके जीवन को ही बदल दिया।

एक दिन मेरे पास एक दम्पति अपनी सात साल की बच्ची को लेकर आये। परीक्षण के बाद पता चला कि उसके दिल में पूर्ण रूप से Clogging

(चोक) हो चुकी है। मैंने अपनी टीम से चर्चा करने के पश्चात् उस दम्पति से कहा कि ओपन हार्ट सर्जरी के बाद 30 प्रतिशत चांस हैं, बच्ची के बचने के। नहीं तो बच्ची के पास तीन महीने का समय है। माता-पिता भावुक होकर बोले- वे सर्जरी का चांस लेना चाहेंगे।

सर्जरी के पाँच दिन पहले बच्ची को भर्ती कर लिया गया। उसकी माँ को प्रार्थना में अटूट विश्वास था। वह सुबह-शाम बच्ची से यही कहती- God lives in your heart, वह तुम्हें कुछ नहीं होने देगा।

बच्ची को सर्जरी के दिन मैंने बच्ची से कहा- Don't worry you will be all right after surgery. उसने कहा- ''डॉक्टर साहब! मुझे जरा सी चिन्ता नहीं है। God is in my heart. पर सर्जरी में जब आप मेरा हार्ट ओपन करेंगे तो देखकर बताना कि गॉड कैसे दिखते हैं।''

ऑपरेशन के दौरान पता चला कि कुछ नहीं हो सकता। बच्ची को बचाना असम्भव है। हृदय में खून की एक बूंद भी नहीं जा रही थी। निराश होकर मैंने अपनी टीम को वापस टांके लगाने का आदेश दिया। तभी मुझे बच्ची की आखरी बात याद आयी और मैं रक्त भरे हाथ जोड़कर प्रार्थना करने लगा कि हे ईश्वर! मेरा अनुभव तो इस बच्ची को बचाने में असमर्थ रहा है, पर यदि आप इसके हृदय में विराजमान हैं तो आप कुछ कीजिये।

मेरी यह अश्रुपूर्ण प्रार्थना थी। इस बीच में जूनियर डॉक्टर ने कोहनी मारी। मैं Miracle (चमत्कार) में विश्वास नहीं करता, पर स्तब्ध हो गया, यह देखकर कि हृदय में रक्त का संचरण शुरू हो गया था। मेरे 45 साल के कैरियर में ऐसा पहली बार हुआ। ऑपरेशन सफल तो हो गया, पर मेरा जीवन बदल गया। मैंने बच्ची से कहा- ''ईश्वर को देखने का प्रयत्न मत करो, उसे देखा नहीं जा सकता, केवल अनुभव किया जा सकता है।''

इस घटना के बाद मैंने अपने ऑपरेशन थियेटर में प्रार्थना का नियम निभाना शुरू कर दिया। मेरा अनुरोध है कि प्रत्येक व्यक्ति को प्रार्थना करना चाहिए।

प्रार्थना में भाव का प्रमुख स्थान है। भावना जितनी सच्ची, गहरी और श्रद्धापूर्ण होगी, उतना ही उसका सत्परिणाम भी होगा। इसलिए शब्दों को रटने की नहीं, वरन् समुचित श्रद्धा के साथ प्रार्थना की भावनाओं को अन्तःकरण में बैठा हुआ अनुभव करते हुए उसके सम्मुख अपने मनोभाव प्रस्तुत करें।

प्रार्थना ने यह कर दिखाया, जो कोई दूसरी शक्ति नहीं कर सकी। इसीलिए आध्यात्मिक लोग मानते हैं कि प्रार्थना में शक्ति होती है। एक ऐसी शक्ति, जो आपको विशिष्ट अधिकारों वाला बनाती है, प्रार्थना एक हीलिंग टच है। प्रार्थना एक ऐसा श्रद्धा-सूत्र हैं, जो हमें आत्मबल देता है। अगर हम प्रार्थना को किसी चमत्कार का जरिया न भी माने तो भी आज की इस कोरोनाग्रस्त तनावग्रस्त, कुण्ठाग्रस्त, जिन्दगी में प्रार्थना न सिर्फ सुकून देती है, बल्कि एक शक्तिशाली सम्बल भी देती है।

10. कोरोना भयंकर विपत्ति: सामना कैसे करें?

कोरोना की काली रात में दिल को न बेकरार कर।
सुबह जरूर आयेगी, सुबह का इन्तजार कर।।

आज पूरे विश्व को वैश्विक महामारी कोरोना ने घेर लिया है। यह समय घबराने का नहीं है। डटकर सामना करने का है। एक वृक्ष धूप, हवा, सर्दी-गर्मी, वर्षा सभी को समता से सहन करता है। फिर हम शिकायत क्यों करें? हमें भी शारीरिक-मानसिक प्रतिकूलता में प्रसन्न रहते हुए सहन करना चाहिए, हमें यह देखना चाहिए कि इस संकट का सामना कैसे कर सकते हैं?

जब चुनौतियों का मुकाबला करना हो तो सबसे पहला सत्य है, जो अपने बस में नहीं है, उसे ईश्वर या प्रकृति पर छोड़ देना ही श्रेयस्कर है। जहाँ हम कुछ कर ही नहीं सकते, वहाँ चिन्ता और अवसाद में जाकर अपने शरीर को, जीवन को, संकट में डालकर हमें क्या मिलेगा। हम जिस परिस्थिति में हैं, उसमें जो बन पा रहा है, उसे श्रेष्ठ करना चाहिए। संस्कृत में एक कहावत है-

यत्नेकृति यदि न सिध्याति कोशत्र दोषः

यानी प्रयत्न करने के बावजूद कार्यसिद्ध न हो तो उसमें मानव का क्या दोष है?

मैं यह नहीं कहता कि विपत्तियों के समक्ष आप घुटने टेक दें, बिलकुल नहीं। यह कोरी भाग्यवादी प्रवृत्ति होगी। मैं कहूंगा कि जहाँ तक हो सके, उस किसी परिस्थिति विशेष में हम परिवर्तन ला सके, उसे अनुकूल बना सकें, बना लेना चाहिए।

हमें संघर्ष करना चाहिए, किन्तु यदि सामान्य बुद्धि से प्रकट हो कि अमुक परिस्थिति के विरुद्ध हम व्यर्थ ही संघर्ष कर रहे हैं, हम उस परिस्थिति को बदल नहीं सकते तो विवेक इसी में है कि बिना आगा-पीछा सोचे जो नहीं हैं, उसकी कामना छोड़ दे। डॉ. रेनोल्ड ने ठीक ही कहा है-

हे प्रभु मुझे बुद्धि दे कि जिन बातों को
ना बदल सकूं, उन्हें स्वीकार कर लूं।

कोरोना काली रात, करें इन्तजार प्रभात का

प्रतिदिन रात आती है। चारों तरफ अन्धकार छा जाता है। हमारे जीवन के सारे काम बन्द हो जाते हैं। रात और रात का अन्धकार किसी को अच्छा नहीं लगता।

तब भी लोग उसे सहन करते हैं, काटते हैं। रात आने पर न कोई घबराता है, न हाय-हाय करता है और न रोता-चिल्लाता है। क्यों? इसलिए क्योंकि काली रात के पीछे एक प्रकाशमान दिन तैयार रहता है। सभी को भरोसा रहता है कि रात बीतेगी और शीघ्र ही प्रभात आयेगा। चिन्ता या दुःख की बात तो तब होगी, जब रात का अन्त सम्भव न हो और प्रभात की सम्भावना न रहे।

कोरोना भी एक प्रकार का काला अन्धकार की तरह है। किन्तु, रात की तरह इसका अस्तित्व भी स्थायी नहीं है। जल्दी ही इसका अस्तित्व समाप्त हो जाना निश्चित है।

फिर सर्वशक्तिमान परमात्मा ने हमारी रचना ही इस प्रकार की है कि दिन-रात दोनों की अनुभूति आवश्यक है। इसलिये, आज का यह घनघोर अन्धकार नव प्रभात लेकर आयेगा। एक पुरानी फिल्म का गीत है-

गम की अन्धेरी रात में दिल को न बेकरार कर।
सुबह जरूर आयेगी, सुबह का इन्तजार कर।।

कोरोना से आयी परिस्थितियों का सामना सहज भाव से करें

जीवन में जैसी भी परिस्थितियाँ आयें, उसे जीवन का वरदान मानकर सन्तुष्ट और प्रसन्न रहने में कंजूसी न करें। वस्तुतः सुख-दुःख, अनुकूल-प्रतिकूल, धनात्मक-ऋणात्मक परिस्थितियों में जीवन बलिष्ठ और पुष्ट होता है। इनसे निकलकर ही मनुष्य निरामय, अनावृत और निर्मल बन सकता है। वैसे इनसे बचने का कोई रास्ता भी नहीं है। फिर क्यों नहीं हर परिस्थिति में सहज भाव रखकर स्थिर रहा जाए? जब संसार को चलाने वाले नियम परिवर्तनशील हैं। ऋणात्मक और धनात्मक है। फिर अपनी दुनिया अलग बसाने की कल्पना का पोषण क्यों किया जाए। इससे तो दुःख, निराशा और कष्ट ही मिलेगा। इस जीवन में आने वाली विविध अनुकूल-प्रतिकूल हवाओं को तटस्थ भाव से सब कुछ देखते रहना और हर परिस्थिति में सन्तुष्ट रहना, सुख-दुःख से मुक्त रहने का सरल उपाय है।

जीवन की सारी मुसीबतें, मन के सारे क्लेश और व्यक्ति की सारी पीड़ाओं और दुःखों का स्रोत है। होनी को स्वीकार न करना। याद रखिये, जो बात आप बदल सकते हैं या सुधार सकते हैं, उसके लिये प्रयास कीजिये। मगर जो आपके वश में नहीं है, उसे स्वीकार करना ही ठीक है।

कोरोना काल में अथवा विपरीत परिस्थितियाँ आने पर आपकी भगवान से एक ही प्रार्थना होना चाहिए -

हे भगवान! मुझे इतनी स्थिरता और सन्तुलन दो कि जो बदल नहीं सकता, उसे सौगात समझकर स्वीकार करूं। जो बदल सकता हूं, उसके लिये हिम्मत व हौंसला दो और इतनी सद्बुद्धि दो कि मैं इसमें फर्क बता सकूं कि क्या बदल सकता है और क्या नहीं बदल सकता।

विद्वान लेखक डेल कारनेगी ने एक स्थान पर लिखा है कि जैसे-जैसे कालचक्र चलता जाता है, हम बहुत-सी ऐसी दुःखद परिस्थितियों का सामना करते रहते हैं, जो वैसी ही बनी रहती है, बदलती नहीं है। हमारे सामने केवल एक ही रास्ता रहता है कि हम उन परिस्थितियों को जैसी है, वैसी ही स्वीकार कर लें और अपने को उनके अनुकूल ढाल लें या फिर विद्रोह का रूख अपना कर अपनी जिन्दगी बर्बाद कर लें।

देश, समाज, घर, परिवार, रिश्तेदारी में अप्रिय घटनाएँ होती रहती है। आप समस्त घटनाओं को अपने अनुकूल नहीं बना सकते। इन दुःखों से छुटकारा पाने का यह उपाय है कि घटनाओं को ईश्वर की इच्छा मानकर शान्त रहो और धर्म समझकर अपने कर्तव्य का पालन करते जाओ।

करम गति टारे नाहिं टरे - सूरदास

हर व्यक्ति के जीवन में सुख-दुःख की परिस्थितियाँ आया करती हैं। इनसे सुर-मुनि, देव-दानव कोई नहीं बच सका है। भगवान राम तक इस कर्मगति से न छूट सके। सूरदास ने ठीक ही कहा है-

करम गति टारे नाहिं टरे।
गुरु वासिष्ठ पण्डित, बड़ज्ञानी, रचि पचि लगन घरै।
पिता मरण और हरण सिया को, वन में विपत्ति परै।।

वसिष्ठ जैसे गुरु के होते हुए भी श्रीराम कर्मगति को न टाल सके। उन्हें भी पिता का मरण, सीता का हरण और वन की विपत्तियाँ सहन करना पड़ी। ये विपत्तियाँ कब और क्यों जाती है? इस बारे में पंचाध्यायी का स्पष्ट मत है कि सभी प्रकार की विपत्तियाँ अपने ही बुलाने पर आती हैं। गोस्वामी तुलसीदासजी का भी इस बारे में मत यही है-

काहु न कोउ दुःख सुखकर दाता।
निज जिन कर्म भोग सब भ्राता।।

कोई भी दूसरा प्राणी किसी ओर को दुःख देने की शक्ति नहीं रखता, सब लोग अपने ही कर्मों का फल भोगते हैं और उसी भोग से रोते-चिल्लाते रहते हैं।

हरेक परिस्थिति पर आपका नियन्त्रण नहीं

महाभारत से सम्बन्धित उदाहरण-

द्रोपदी के स्वयंवर में जाते वक्त श्रीकृष्ण ने अर्जुन को समझाते हुए कहा है कि ''हे पार्थ! तराजू पर पैर सम्भलकर रखना, सन्तुलन बराबर रखना, लक्ष्य मछली की आँख पर ही केन्द्रित हो उसका खास ख्याल रखना।''

तो अर्जुन ने कहा- हे प्रभु! सब कुछ अगर मुझे ही करना है तो फिर आप क्या करोगे?''

वासुदेव हंसते हुए बोले- ''हे पार्थ जो आपसे नहीं होगा, वह मैं करूंगा।''

पार्थ ने कहा- ''प्रभु ऐसा क्या है, जो मैं नहीं कर सकता?''

वासुदेव फिर हंसे और बोले- ''जिस अस्थिर, विचलित, हिलते हुए पानी में तुम मछली का निशाना साधोगे, उस विचलित पानी को स्थिर मैं रखूंगा।''

कहने का तात्पर्य यह है कि आप चाहे कितने ही निपुण क्यों न हों, कितने ही बुद्धिमान क्यों न हों, कितने ही महान एवं विवेकपूर्ण क्यों न हों, लेकिन आप स्वयं हर एक परिस्थिति के ऊपर पूर्ण नियन्त्रण नहीं रख सकते। आप सिर्फ अपना प्रयास कर सकते हो, लेकिन उसकी भी एक सीमा है और जो उस सीमा से आगे की बागडोर सम्भालता है, उसी का नाम 'ईश्वर' है।

इस सन्दर्भ में किसी ने बड़ा सटीक कहा है-

हर व्याधि का जगत में है उपचार उसे तुम ढूंढो।
यदि नहीं कोई मिल पाये तो उसको ईश्वर पर छोड़ो।।

कोरोना काल का सामना करने की सीख लें, रोबिन्सन क्रूसो से

डेनियल डेफॉ (Defoe) एक प्रसिद्ध उपन्यास 'रोबिन्सन क्रूसो' का एक प्रसंग है कि समुद्री यात्रा पर निकला पानी का एक जहाज डूब जाता है। इसका नायक किसी तरह खुद को बचा तो लेता है, लेकिन अन्ततः वह एक रेतीले द्वीप पर फंस जाता है। अब वहाँ उसके सामने जिन्दा रहने की चुनौती खड़ी थी। ऐसे संकट के समय आमतौर पर लोग अपने होशोहवास खो देते हैं, लेकिन नायक ने खुद को शान्त रखा और धैर्य के साथ द्वीप पर उसने दो सूचियाँ बनायीं। एक को उसने 'अच्छी' का नाम दिया और दूसरी को 'बुरी' का। उसने अपनी अवस्था के बारे में सोचा और उसके साथ जो कुछ हो रहा था, उसे लिखकर एक या दूसरी सूची में डालने लगा। उसने लिखा, ''मैं इस सुनसान द्वीप पर फंस गया हूं, जो मेरे लिये बहुत बुरा है, पर ऐसी स्थिति में भी मैं अभी तक जीवित हूं, यह बहुत अच्छा है। जहाज पर जितने अन्य व्यक्ति थे, वे सभी अपनी जान गंवा बैठे, पर मैं बच निकला।'' आगे उसने लिखा, ''मैं बिलकुल अकेला हूँ, जो कि बुरा है। पर, मैं भूखा नहीं मर रहा हूं, जो कि अच्छा है।''

इसी क्रम में उसने आगे लिखा, ''मेरे पास कोई कपड़ा नहीं है, जो कि बहुत बुरा है। पर, साथ ही, यहाँ इतनी गर्मी है कि मुझे कपड़ों की जरूरत नहीं है, इसलिये यह अच्छा है।'' उसने आगे लिखा है, ''जानवरों से अपनी रक्षा करने के लिये मेरे पास कोई हथियार नहीं है, जो कि बुरा है। पर समुद्र के किनारे कोई जंगली जानवर नहीं है, जो कि अच्छा है।''

अन्त में, उसने लिखा, ''मेरे पास बात करने के लिये कोई भी नहीं है, जो कि बुरा है। पर, जहाज समुद्र के किनारे के पास पड़ा है और अपनी बुनियादी जरूरतों का सामान मैं जहाज में से ला सकता हूं, जो कि अच्छा है।''

यह सूची बना लेने के बाद नायक रोबिन्सन क्रूसो यह फैसला करता है कि कोई भी परिस्थिति इतनी खराब नहीं होती, जितना कि हम उसे समझते हैं।

कोरोना महामारी काल की परिस्थितियों में यदि हम रोबिन्सन क्रूसों जैसी सोच रखें, तो इस महामारी का सामना आसानी से कर सकेंगे।

आपत्ति को न बनने दें अभिशाप, धैर्य धर करें सामना

चुनौतियाँ जीवन का स्वाभाविक अंग है, ये हमारी सुप्त शक्तियों को झकझोर कर उनको जागृत करने आती है, लेकिन यदि हम इनके लिये तैयार नहीं है तो वे ही चुनौतियाँ हमारे तनाव-अवसाद का कारण भी बन जाती हैं व जीवन को कष्टमय बना देती हैं। इसलिये, जीवन में चुनौतियों के महत्त्व का एहसास महत्त्वपूर्ण हो जाता है, जिससे कि इनका हम साहस और धैर्य के साथ सामना कर सकें व इनको जीवन में उत्कर्ष की सीढ़ियाँ बना सकें।

हर चुनौती में कोई न कोई सन्देश छिपा होता है, हम इसे कितना व किस रूप में ग्रहण करते हैं, इसके आधार पर तय होता है कि ये हमें गढ़ेगी या तोड़ेगी। समझदारी साहस के साथ चुनौतियों का सामना करने, इनसे आवश्यक शिक्षा लेते हुए धैर्य के साथ इनसे पार होने में है। जिससे ये अभिशाप के बजाय जीवन का वरदान बन जाये।

मुश्किल समय का सामना करने की प्रेरणा लें चार्ली चैपलिन से

चार्ली चैपलिन इतिहास के उन गिने-चुने लोगों में शामिल हैं, जिन्होंने मुश्किल की घड़ियों में भी जीवन्तता बनाये रखी। चार्ली की पारिवारिक हालत अच्छी नहीं थी और गरीबी के बीच बचपन बीता। चार्ली ने इसे अपना सम्बल बना लिया। रचनात्मक ऊर्जा से उन दिनों जीए पलों को वे चमत्कारिक हास्य व गहरे तंज में बदलकर पर्दे पर ले आये।

बचपन में चार्ली जहाँ रहते थे, वहाँ एक कसाई की दुकान थी। एक बार एक भेड़ वहाँ से भाग गयी। उसे पकड़ने के लिये कई लोग दौड़े। भेड़ आगे-आगे और लोग पीछे-पीछे भेड़ छोटी सी जगह से भी निकल जाती, लेकिन लोग ऐसा नहीं कर पाते। इस क्रम में वे गिर जाते। कई बार भेड़ हाथ आते-आते रह जाती। कुल मिलाकर जो दृश्य बन रहा था, वह गहन हास्य पैदा कर रहा था। चार्ली के मन पर इस दृश्य का गहरा प्रभाव पड़ा। आज उनकी किसी भी फिल्म को उठाकर देखें, तो भेड़ के पीछे भागने के क्रम में गिरते-पड़ते लोगों वाले दृश्य के विविध रूप मिलेंगे। चार्ली ने अपना जीवन के दुःख को जिया तो लेकिन उसका सामना करते हुए भी रचनात्मक बने रहे। सर्जक बनने का सबसे बड़ा मन्त्र यही है कि हालात कैसे भी क्यों न हों, कितना ही गिरना पड़े, उठना पड़े, आगे की तरफ बढ़ते रहें।

हम चार्ली चैपलिन के जीवन से सीख लें सकें तो निश्चित ही कोरोना काल आसानी से गुजर जायेगा।

उदासी के दिन कभी तो ढलेंगे

कोरोना महामारी काल में जहाँ हर तरफ निराशा और उदासी पसरी हुई है, वहाँ 1979 की फिल्म ''बातों ही बातों में'' योगेशजी का लिखा ये गीत हौंसला और दिलासा दिलाता है-

कहाँ तक ये मन को अन्धेरे छलेंगे।
उदासी भरे दिन कभी तो ढलेंगे।।

इसी गीत में आगे कहते हैं-

कभी सुख कभी दुःख यही जिन्दगी है,
ये पतझड़ का मौसम घड़ी दो घड़ी है।
नये फूल फिर कल डगर पर खिलेंगे।
उदासी भरे दिन कभी तो ढलेंगे।।
मगर अपने मन में तू रख यह भरोसा,
जो बिछड़े सफर में तूझे फिर मिलेंगे।
उदासी के दिन कभी तो ढलेंगे।।

अपनी ही कृति में फिर से रंग भर दो
कोरोना विपत्ति में ईश्वर से प्रार्थना

कश्मकश है, हताशा है, दहशत है,
क्या होगा, कब तक यूं ही चलेगा।
एक ठहराव सा आ गया है,
कितनी सुन्दर थी दुनिया होली तक,
रंगीनी थी, हलचल थी, रेलपेल थी,
उत्सव था मस्ती थी, रौनक थी,
एक-दूसरे से मेलजोल था।
शादियों में मस्ती थी, मिलने-मिलाने का जमाना,
बिना रोक-टोक आना-जाना था।
किसकी नजर लग गयी जमाने को,
इंसान इंसान से डरने लगा,
अपने ही पराये हो गये बेरंग सी जिन्दगी,
अवसाद पसरने लगा, उमंगों के पर कट गये
शापिंग का शौक चला गया न मेकअप का
मोह रहा न कपड़ो का दिखावा रहा।
गहने अलमारी में बन्द हो गये,
फैमिली टूर एक स्वप्न बन गया।
ईश्वर से अब एक ही प्रार्थना है,
इस एपिसोड का बस यही अन्त कर दो
हमें अपना अतीत फिर लौटा दो,
गलती हुई हमसे माफ कर दो।
अपनी ही कृति मैं फिर रंग भर दो।
हमारी सजा का अब यही अन्त कर दो।।

जलाएं धैर्य की रोशनी, हटायें कोरोना से उपजी बेचैनी

एक बार गौतम बुद्ध यात्रा के दौरान एक गाँव से दूसरे गाँव जा रहे थे। साथ में उनके शिष्य भी थे, कुछ समय चलने के पश्चात् उन्हें प्यास लगी। उन्होंने अपने एक शिष्य से कहा- ''देखो, आसपास कहीं पीने का जल हो तो ले आओ।''

शिष्य फौरन ही आसपास गया और उसने देखा कि एक स्थान पर छोटा-सा पोखर है। उस पोखरे से एक बैल पानी पी रहा था। शिष्य ने सोचा, यहीं से पानी भर लेता हूं। शिष्य झरने की ओर बढ़ा तो बैल डरकर पानी से होता हुआ निकल भागा। इससे पानी गंदला हो गया। शिष्य ने देखा कि यह पानी तो गंदला है। उसने सोचा कि इस तरह का पानी ले जाना तो ठीक नहीं होगा। वह वहाँ से आगे बढ़ गया। उसने आसपास बहुत ढूंढा। पानी का दूसरा स्रोत नहीं मिला। वह वापस लौट आया। आकर उसने पूरी घटना बुद्ध को सुनायी। वे सुनकर मुस्कुराये और बोले- ''तुम उसी झरने के पास वापस जाओ और अगर इस बार भी पानी गंदला हो तो कुछ समय प्रतीक्षा करना। धैर्य से काम लेना। तुम साफ पानी लेकर लौटोगे।''

बुद्ध के कहे अनुसार शिष्य झरने पर पहुँचा तो उसने देखा कि सारा कचरा नीचे बैठ गया और ऊपर निर्मल जल बह रहा है। शिष्य ने फौरन पात्र में जल भरा और वापस लौट आया। शिष्य जब जल लेकर लौट आया तो उसे बुद्ध ने अपने पास बुलाया और कहा- ''इस छोटी-सी घटना में बहुत सारी सीख छुपी हुई है। सुनो, जब तुम्हारा मन बेचैन हो, अशान्त हो, मलिन हो तो उसे थोड़ा समय दो। इसके लिये प्रयास करने की जरूरत नहीं है, केवल धैर्य रखने की आवश्यकता है। मन में जो मलिनता है, अशान्ति है या बेचैनी है, वह अपने आप शान्त हो जायेगी।''

याद रखिये, कोरोना काल में आयी परेशानियाँ और दुःख के बादलों को हटाने के लिये हमें धैर्य की रोशनी जलानी होगी।

धैर्य रखें, यह समय भी गुजर जायेगा

एक धनाढ्य वृद्ध व्यक्ति को डॉक्टर ने बताया कि उसकी जिन्दगी पाँच महीने से ज्यादा नहीं बची है। इस वृद्ध व्यक्ति के चार बेटे थे। उसने चारों को अपने पास बुलाया। उसने वसीयत (Will) में चारों को बराबर सम्पत्ति बांट दी। लेकिन, सबसे छोटे बेटे को उसने उपहार में एक अंगूठी अलग से दी। उसने कहा- ''तुम मेरे तीनों बेटों में सबसे छोटे हो और अभी तुम्हें बड़े भाइयों के बराबर अनुभव नहीं है, इसलिए मैं तुम्हें यह अंगूठी दे रहा हूं। जब तुम खुद को किसी संकट या मुश्किल में पाओ या कोई परेशानी आये, तब तुम इस

अंगूठी का इस्तेमाल करना। इससे पहले इसका इस्तेमाल नहीं करना और यह बात किसी को बताना भी नहीं।''

सबसे छोटे बेटे ने अंगूठी पहन ली और फिर वह अपने काम में इतना व्यस्त हो गया कि इसके बारे में भूल गया। चारों बेटों ने अपना-अपना व्यवसाय जमा लिया और छोटा बेटा शिपिंग लाईन यानी नौ-परिवहन के काम में लग गया। एक बार एक सप्ताह के भीतर ही उसके दो जहाज डूब गये। फलस्वरूप उसे अपनी सारी सम्पत्ति से हाथ धोना पड़ा। वह एक ही झटके में सड़क पर आ गया। उसके मन में आत्महत्या करने का विचार तक आया, लेकिन उसने ऐसा कदम नहीं उठाया।

घर पर आये कर्जदारों के तकाजों के कारण उसे अपना घर भी बेचना पड़ा। इस मुश्किल से छुटकारा पाने के लिए वह चिन्तित था, तब अचानक उसे अपने पिता का उपहार याद आया। उसने अंगूठी निकाली और गौर से उसे उसकी ओर देखा। उसने देखा कि अंगूठी के पत्थर (नग) पर नीचे की ओर कुछ लिखा हुआ है। उसने लिखे हुए को पढ़ने के लिए उसने तुरन्त अंगूठी रगड़ी। काफी रगड़ने के बाद उसने अनुभव किया कि नंगी आँखों से वह उस लिखे हुए को पढ़ नहीं पायेगा। तब उसने मैग्निफाइंग ग्लास से उसे देखा, जो उस पर शब्द लिखा था, उन शब्दों ने उसकी पूरी जिन्दगी ही बदल दी। उस पर लिखा था- ''मेरे बेटे! धैर्य रखो, यह समय भी गुजर जायेगा।'' इस छोटे से वाक्य ने उसकी जिन्दगी बदल दी।

कोरोना काल में आपके मददगार आपके सात सखा

आज हम अनुभव कर रहे हैं कि विश्व संकट के रूप में कोरोना काल चल रहा है। इस संकट का सामना करने, इससे उबरने में हमारे साथ सात सखा या साथी खड़े हुए हैं। विश्वास कीजिये, यदि आप उनका सहारा लें तो कोरोना संकट का आसानी से मुकाबला कर उससे उबर सकते हैं।

आज से लगभग 500 वर्ष पूर्व का गोस्वामी तुलसीदासजी का अनुभव हमारे लिए आज भी प्रासंगिक है। दोहावली में उन्होंने लिखा है-

तुलसी असमय के सखा, धीरज धर्म विवेक।
साहित साहस सत्यव्रत, राम भरोसे एक।।

पहला सखा है धीरज, जिसके बारे में इसी अध्याय में बहुत कुछ लिखा जा चुका है। दूसरा सखा है, धर्म। लोग कहते हैं कि जब नश्वर जगत छोड़कर जायेंगे तो कुछ भी साथ नहीं जायेगा। साथ रहेगा तो केवल धर्म। धर्म मेरे लिये सत्यप्रेम और करूणा है, जो असमय यानी विकट समय में मेरा साथ देते हैं।

तीसरा साथी है, हमारा विवेक। यह सत्संग से मिलता है। विवेक हमारा असमय का साथी है, इसे व्यवहार में लाने की आवश्यकता है।

चौथा साथी है, सत्साहित्य। जब हम किसी भी समय परेशानी महसूस कर रहे हों, जीवन निराशा से भर गया हो, तो अच्छा साहित्य पढ़ें। बहुत बल मिलेगा। किष्किंधा काण्ड में साहित्य की चर्चा की गयी है।

पाँचवा साथी है, साहस। आज के संकट की घड़ी में और जीवन में तमाम विपरीत परिस्थितियों में साहस रखें। आज के इस कोरोना काल की बात करें तो घर से न निकलना भी एक साहस की बात है। एक दूसरे से दूरी बनाये रखना भी एक तरह का साहस है। हमारा छठा सखा है, सत्यव्रत। गांधीजी ने तो सत्य को महाव्रत बताया है। सत्य पर निर्भर रहने पर बड़ी-बड़ी समस्याओं का मुकाबला किया जा सकता है। कोरोना के अन्धकार काल का सामना सत्यव्रत के प्रकाश से किया जा सकता है। सातवाँ और अन्तिम सखा है, रामभरोसा। एकमात्र राम का भरोसा, परम तत्त्व का भरोसा। यहाँ तर्क वितर्क नहीं चलता। तुलसीदासजी का कथन है-

तुलसी भरोसे राम के, निर्भय होकर सोय।
अनहोनी होनी नहीं, होनी हो सो होय।।

11. कोरोना का बहीखाता - क्या खोया क्या पाया?

कोरोना संकट ने हमें बहुत कुछ सिखाया है। उसमें बहुत सी बातें ऐसी भी रही हैं जो हम पहले से जानते थे, लेकिन अब तक बहुत मानते नहीं थे। मौजूदा मुसीबतों ने हमें सिखाया है कि खुद को कैसे संभालना है, संयम हमें कितना रखना है, कर्त्तव्य का क्या महत्व है? दान का महत्व कब है और हमारे पुराने नियम कैसे अब काम आ रहे है। - आचार्य श्री विद्या सागर जी

कोरोना महामारी ने हमें जीवन के ऐसे महत्त्वपूर्ण सबक सिखाए, जिनके जरिए अब हमें शायद हर कठिन परिस्थिति से लड़ना आसान हो। यह सबक हमें आगामी जीवन जीने के लिए पग-पग पर काम आएंगे। महामारी ने हमें हर तरह की परिस्थिति से लड़ना सिखाया है।

जीवन में प्रत्येक घटना हमें कुछ-न-कुछ सिखाती है, कुछ देती है तो वह कुछ वापस लेती है। ऐसा ही कुछ वर्तमान कोरोना काल में हुआ है। इस काल में हमने क्या खोया? क्या पाया, इसे जानने के लिए हमें कोरोना का बहीखाता खंगालना होगा।

क्या खोया (Debit side of Corona Account)

जनहानि -

अभी तक विश्व भर में कोरोना वायरस की चपेट में 8.4 करोड़ से अधिक लोग आ चुके है जिनमें से 17.62 लाख से अधिक लोगों की मृत्यु हो चुकी है। अमेरिका में अभी तक संक्रमण में मरने वालों की संख्या 3.18 लाख है जो अन्य देशों के मुकाबले में सर्वाधिक है। भारत में कोरोना से संक्रमित लोगों की संख्या एक करोड़ बीस लाख है जिनमें से 1.50 लाख लोगों की मृत्यु हो चुकी है। वायरस से संक्रमित होने और मृत्यु होने का यह सिलसिला अभी समाप्त नहीं हुआ है, लगातार चालू है, आगे बढ़ता जा रहा है।

आत्महत्या की दर में वृद्धिः

कोरोना की विषम परिस्थिति हमारे सामने अप्रत्याशित रूप से प्रकट हुई है। इसने हर किसी को अप्रत्यक्ष भय, चिन्ता में घेर लिया है। अनेक लोगों को वित्तीय

संकट ने भी प्रभावित किया है। लोग सामाजिक तौर पर भी अलग-थलग हो गए है। कुल मिलाकर लोगों की मानसिकता पर गहरा प्रभाव पड़ा है। कुछ लोग इस संकट का सामना करने में सफल हुए है, वहीं कुछ लोग भावनात्मक व मानसिक रूप से टूट गए हैं। शोधों के अनुसार मानसिक, सामाजिक और आर्थिक समस्याएँ बढ़ी हैं साथ ही आत्महत्या की दर में भी काफी वृद्धि हुई है।

बेहिसाब आर्थिक क्षति एवं बढ़ी बेरोजगारी:

कोरोना से बचने के लिए विश्व के विभिन्न देशों ने अपनी-अपनी स्थिति के अनुसार आर्थिक गतिविधियाँ रोक दी थी। इससे बेहिसाब आर्थिक क्षति हुई और बेरोजगारी बढ़ी है। अफ्रीका के तो सभी गरीब देशों में भुखमरी ने पांव पसार लिए है।

भारत में मोदी सरकार ने गरीबों की कमजोरी को सही समय पर आंका और मुफ्त राशन देने की तत्काल घोषणा की। लेकिन क्या दो समय का खाना ही किसी देश की नियति बन सकता है, जीवन के लिए और कुछ भी चाहिए। एक गणना के अनुसार भारत में 2.10 करोड़ नौकरियाँ कोरोना की भेंट चढ़ी और अर्थव्यवस्था को लगभग 30 लाख करोड़ रूपये का ऐसा नुक्सान हुआ जिसकी पूर्ति संभव नहीं है।

बच्चों की शिक्षा पर कुप्रभाव:

कुछ विषेयज्ञों द्वारा ऐसा अनुमान लगाया गया है कि कोरोना के चलते विश्वभर में 2 करोड़ 40 लाख से अधिक बच्चों का स्कूल हमेशा के लिए छूट सकता है। यदि यह महामारी और लम्बी चली तो यह संख्या और भी बढ़ सकती है। ऐसे में इस नई पीढ़ी की एक बड़ी संख्या अनपढ़ रह जायेगी। फिर कैसी होगी यह दुनिया? जहाँ इतनी बड़ी संख्या में बच्चे बिना पढ़ाई, बिना हुनर या बिना अध्ययन के एक साथ युवा होंगे।

वास्तव में शिक्षा पर कोरोना महामारी के प्रभाव के कारण हुई आर्थिक गिरावट की वजह से शिक्षा व्यवस्था बुरी तरह चरमरा गई है।

मिनेसोटा यूनिवर्सिटी में स्वास्थ्य नीति के रिसर्चर एजरा गोलबरस्टीन का कथन है कि बच्चों पर कोरोना का दोहरा प्रभाव पड़ता रहा है बीमारी का भय तो है ही। लॉकडाउन के दौरान उनका स्कूल बंद था, वे अपने दोस्तों से नहीं मिल पाते थे। अमेरिका में गर्मी की मौसम में होने वाले 12 हजार स्कूल कैम्प रद्द कर दिए गये है इस कारण उनकी चिन्ता का बोझ बढ़ गया है।

कोरोना से क्या पाया (Credit Side of Corona):-

पर्यावरण हुआ साफ सुथरा:

कोरोना की रोकथाम के लिए विश्व के विभिन्न देशों ने अपनी-अपनी स्थिति अनुसार 'लॉकडाउन' किया। यह महामारी के प्रसार को नियन्त्रण करने में काफी

मददगार रहा। साथ ही पर्यावरण भी स्वच्छ हो गया। पिछले कई वर्षों से जो काम पर्यावरण विभाग, प्रदूषण नियन्त्रण मण्डल और अन्य संस्थाएँ नहीं कर सकी थी, वह कोरोना की कुछ दिनों की तालाबंदी ने कर दिखाया। उदाहरण के लिए जिस दिल्ली में कभी सांस लेना कठिन हो गया था, उसी दिल्ली में अप्रैल 2020 के प्रथम सप्ताह में प्रदूषण में 40 प्रतिशत कमी का अनुमान लगाया गया है।

विभिन्न शहरों की जलवायु शुद्ध हुई गंगा, यमुना-नर्मदा जैसी मैली हो रही नदियों के जल में अपेक्षाकृत निर्मलता आयी। गंगा की स्थिति में 40 प्रतिशत ज्यादा सुधार हुआ। देश के अन्य जल स्त्रोत भी साफ हो गए। लोगों ने महसूस किया कि साफ-स्वच्छ पर्यावरण कितना सकून भरा और सुखदायी होता है।

धरती का कंपन घटा-भूकम्प का पता लगाना आसान:

कोरोना संक्रमण काल में लगे लॉकडाउन का यह सकारात्मक प्रभाव सामने आया। धरती के अन्दर का शोर कम हुआ है। वाहनों और लोगों के चलने के कारण धरती पर होने वाले कंपन यानी बायब्रेशन में लगभग 50 प्रतिशत की कमी आई है। धरती पर कंपन कम होने के कारण भूकम्प की जानकारी समय से पहले देना आसान हो गया। अन्य प्रदूषण के साथ-साथ ध्वनि प्रदूषण में तो बहुत ही कमी हुई है।

आत्मनिर्भरता का पाठ:

आत्मनिर्भरता दूसरों से आशा रखने के बजाय खुद पर आशा लगाना सिखाती है। आप जिन्दगी में हर छोटी-मोटी आवश्यकता के लिए दूसरों से उम्मीद नहीं रखते तो यह स्वयं पर भरोसा बढ़ाने वाली होती है। कोरोना वायरस के संकट ने किचिन से लेकर साफ-सफाई तक, कितने लोगों को अपना काम खुद करना सिखा दिया है। सबसे बड़ी बात तो यह है कि स्वावलंबन का यह सबक हर उम्र के लोगों ने सीखा। आत्मनिर्भर होना इस महामारी में मिली अहम् सीख है जो आगे आने वाले समय में भी मददगार रहेगी।

हकीकत में यह सच है कि कोरोना महामारी ने हमें अनावश्यक निर्भरता की प्रवृत्ति से बाहर निकाला है। पिछले कुछ वर्षों में हम घर में मदद से लेकर बाहर के खाने तक, बड़ी सीमा तक निर्भरता के जाल में जा फंसे थे। हालांकि प्रत्येक व्यक्ति अपने जीवन से जुड़ी हर जरूरत की पूर्ति स्वयं नहीं कर सकता, हर काम अपने आप नहीं किया जा सकता लेकिन कम से कम निर्भरता का फॉर्मूला दूसरों पर आश्रित होने से बचाता है।

भारतीय जीवन शैली की सार्थकता:

हमारे देश में कथित तौर पर प्रगतिशील विचारों के शक्तिशाली होने के कारण आधुनिकता के नाम पर पश्चिमी विचारों का अंधानुकरण शुरू हो गया

था लेकिन कोरोना महामारी ने एक बार फिर भारत की परम्परागत जीवन शैली, रीतिरिवाज, आचरण, भोजन की सार्थकता सिद्ध करके दिखाई है। पराधीन काल में सभ्यागत विमर्श में भारत की इन समद्ध परम्पराओं को पुरातन, पिछड़ी, दकियानूसी आदि शब्दावलियों से लांछित करने की कोशिश होती रही है उनको कोरोना काल ने एक झटके में खारिज कर दिया।

आयुर्वेद पद्धति को महत्त्व :

भारतीय ज्ञान परम्परा में जिन औषधियों की चर्चा की गई है। वे अचानक बहुत महत्त्वपूर्ण हो गई हैं। जो वामपंथी आयुर्वेद का मजाक उड़ाते थे, उन्हें सुबह शाम काढ़ा पीते या गिलोय चबाते देखा जा सकता है। हमारे यहाँ तो हर मौसम के हिसाब से भोजन तय है। पश्चिमी जीवन शैली के भोजन या भोजन पद्धति में इम्यूनिटी बढ़ने की बात समझ नहीं आ रही है। भारतीय पद्धति से भोजन यानी खाना, ताजा खाने की वकालत की जाती रही है। कोरोना काल में पूरा संसार भारतीय योग विद्या को आशा भरी नजरों से देख रहा है। श्वसन प्रणाली ठीक रखने, जीवन शैली संतुलित रखने की बात हो रही है भारत में तो इसकी सुदीर्घ परम्परा है।

दें, दूसरे जीवों को भी उनका हक:

दुनिया के कई देशों की तस्वीरें बता रही है कि लॉकडाउन में नहरों, तालाबों और समुद्री तटों पर इंसानी गतिविधि कम होने से कहीं डॉल्फिन्स और कहीं हंसों के जोड़े लौट आए हैं, तो कहीं सड़कों पर हिरणों के झुंड दिख रहे हैं। शहरों के शान्त परिवेश में हिरन, मोर और नील गाय घूम रही है। यह तस्वीरे त्रासदी के दौर में भी न केवल इंसानों को मुस्कुराहट की सौगात दे रही है, बल्कि ये तस्वीरें संदेश भी दे रही हैं कि ऐसे समय हम उनके मन का भाव समझें। दूसरे जीवों को उनका वो हक दे जिनके वे हकदार हैं।

कोरोना ने लोगों में डाली बचत की आदत:

कोरोना महामारी के कारण जिस तरह से दुनिया भर में अर्थव्यवस्था बुरी तरह प्रभावित हुई है उससे करोड़ों लोगों की नौकरियों पर संकट आया है। इससे अनगिनत परिवारों को वित्तीय संकट का सामना भी करना पड़ रहा है। ऐसे माहौल में आँकड़ें बता रहे हैं कि इस महामारी के दौरान घरों में बचत पर ज्यादा जोर दिया जाने लगा है। यह आंकड़ा कोई और नहीं, बल्कि रिजर्व बैंक ऑफ इंडिया दे रहा है। चालू वित्त वर्ष की पहली तिमाही (अप्रेल-जून 2020) के दौरान भारतीय घरों में वित्तीय बचत की दर जी.डी.सी.पी. के मुकाबले 21.4 प्रतिशत हो गई। कोरोना महामारी ने लोगों के गैर जरूरी खर्चों पर लगाम लगा दी जिसकी वजह से उनकी बचत क्षमता भी बढ़ गई।

सामाजिक रीति-रिवाजों की फिजूल खर्चों पर अंकुश:

भारत में विवाह, सगाई, पुत्र जन्मोत्सव, मृत्यु भोज जैसे सामाजिक कार्यक्रमों पर लोग जरूरत से ज्यादा खर्च करते हैं। अपनी सामाजिक प्रतिष्ठा बनाए रखने के लिए कुछ लोगों को तो इन कार्यों के लिए कर्ज भी लेना पड़ता है। लोग देखा-देखी भी ज्यादा खर्च कर डालते हैं। लेकिन कोरोना काल में लगायी गई बंदिशों के कारण शादी में जहाँ लोग लाखों रूपये खर्च करते थे, वहीं कुछ शादियाँ हजारों में हुई हैं। मृत्यु भोज पर भी अनावश्यक खर्च कम हुआ है, इससे कई लोगों ने राहत की सांस ली।

मानवीय भावना की जागृति:

त्रासदी या आपदा हमारे भीतर मानवीय भावना व मूल्य जगाती है। कोरोना काल में भी कुछ ऐसा ही हुआ है। इस महामारी ने पूरे विश्व के साथ भारत को भी बुरी तरह से प्रभावित किया है। कई लोगों के सामने रोजी-रोटी का संकट पैदा हो गया, ऐसी विकट स्थिति में सरकार के साथ ही कई उद्योगपति, समाजसेवी, परमार्थिक संस्थाएँ, सहायता के लिए सामने आई, अपने हाथ बढ़ाए और मदद दी है और दे रही हैं। मदद देने वालों की लम्बी लिस्ट है। हाल में ही कोरोना महामारी के प्रकोप से निपटने के लिए प्रेम जी फाउनडेशन, विप्रो और विप्रो एंटरप्राइजेज ने 1125 करोड़ रुपये दान देने की घोषणा की है। इस प्रकार वसुधैव कुटुम्बकम् की भावना की जागृति हुई है।

12. कोरोना से सबक लें, बचाएँ भावी पीढ़ी

मानव को धर्म उसकी सही कर्तव्य दिशा बताता है। उसकी उपेक्षा करने पर मनुष्य राक्षस बन जाता है। धर्म का आचरण अत्यन्त आवश्यक है। केवल कुछ सिद्धान्तों को हृदय में रटते रहने से कुछ नहीं होता, अपने जीवन में उन्हें आचरित करना चाहिये, तभी कोरोना जैसी महामारी से बचा जा सकता है।

आज परिस्थितियों में व्याप्त वातावरण और स्वार्थपूर्ण निकृष्टता से मानवता विलुप्ति के कगार पर पहुँच चुकी है। उसे पुनः जीवित करने की आवश्यकता है। आज की जो परिस्थितियाँ हैं, उनमें समस्या बुद्धि के अभाव की नहीं है। एक सामान्य व्यक्ति भी उतना ज्ञान लेकर बैठा है, जितना कभी किसी नगर के प्रतिष्ठित विद्वानों के पास हुआ करता था। छोटे-छोटे बच्चे भी गूगल से लेकर विकिपीडिया के माध्यम से जानकारियों की सम्भावनाएँ प्रदर्शित करते दिखायी पड़ते हैं। प्रश्न बुद्धि का नहीं, सदबुद्धि का है। प्रश्न इस बात का है कि हम उपलब्ध संसाधनों का ऐसा उपयोग करें, ताकि मानवता का भविष्य सुरक्षित रह सके। यह करने के लिये हम में उदात्त भावनाओं वाला व्यक्तित्व बनाने की आवश्यकता है।

ईश्वर की यह अपेक्षा है कि हर मनुष्य मानवधर्म के अनुसार जीवन बिताये ओर दूसरों को भी मानवधर्म पर चलने के लिए प्रेरित करें और अनीति पर न चलने देने के लिए भरसक प्रयत्न करें। यदि कोई देश या जाति अपने तुच्छ स्वार्थों में संलग्न होकर दूसरों के कुकर्म को रोकने और सदाचार बढ़ाने का प्रयत्न नहीं करती, तो उस पर भी दूसरों का पाप लगता है। उसी स्वार्थपरता के सामूहिक पाप से सामूहिक दण्ड मिलता है। भूकम्प, अतिवृष्टि, महायुद्ध, कोरोना महामारी के कारण ऐसे ही सामूहिक दुष्कर्म होते हैं, जिनमें स्वार्थपरता को प्रधानता दी जाती है और परोपकार की उपेक्षा की जाती है।

एक पौराणिक प्रसंग है, जिसका गोस्वामी तुलसीदासजी ने श्रीरामचरित मानस में उल्लेख किया है-

अतिसम देखि धर्म कै ग्लानी। परम सभीत धरा अकुलानी।।
गिरि सरि सिंधु भार नहि मोहि। जस मोह गरुअ एक परद्रोही।।
धेनु रूप धरि हृदय बिचारी। निज संताप सुनाए रोई।।

मानव धर्म का पतन होता देख, पृथ्वी गाय का रूप धारण कर ब्रह्माजी के पास जाकर अपनी वेदना व्यक्त करती है- पर्वत, नदियाँ सागर, मेरे लिए बोझ नहीं हैं। लेकिन, लोगों का अमानवीय राक्षसी कृत्य का भार मेरे लिए असहनीय है।

हम यह मान लें कि तुलसीदासजी का कथन कवि की कल्पना की उड़ान है, परन्तु क्या आज की स्थितियाँ यह नहीं कह रही हैं? पृथ्वी आज भी दुःखी है। तब दानव, दैत्य, राक्षस रहे होंगे, परन्तु क्या आज लोगों का आचरण दानव, दैत्य, राक्षस जैसा क्रूर और अमानवीय नहीं है? क्या हमने प्रकृति का शोषण नहीं किया?

चरित्र निर्माण और नैतिक शिक्षा

मनुष्य को मानवता सम्पन्न बनाना, मानव शिक्षा का उद्देश्य है। मनुष्य के भीतर जब मानवता के बीज विद्यमान हैं, तब उसे पूर्ण मानव तक पहुँचना उसके चिन्तन, चरित्र, आचरण में गुणधर्म स्वभाव में उत्कृष्टता का स्फुटीकरण ही शिक्षा का मूल उद्देश्य होना चाहिये, जबकि आज की शिक्षा का उद्देश्य केवल धन है। शिक्षा प्राप्ति के बाद आज का छात्र जब शिक्षा संस्थान से बाहर कदम रखता है, तो उसके दिमाग में एक ही विचार रहता है, अच्छी नौकरी प्राप्त करना और जैसे भी हो, अधिक आय अर्जित करना।

बौद्धिक शिक्षा (Intellectual Education) जहाँ आपके दिमाग पर असर डालती है, वहीं मूल्यों (Values) आधारित शिक्षा आपके दिल पर। वास्तविकता में जो शिक्षा दिल पर असर न डाले, वह नुकसानदेह हो सकती है। अगर हम परिवार, समाज और देश को चरित्रवान बनाना चाहते हैं तो हमें मूल्य आधारित शिक्षा पर ध्यान देना होगा, जो शिक्षा ईमानदारी, दया, परोपकार, जैसी बेहद जरूरी विशेषताओं को बढ़ाती और बनाती है, उसकी बहुत अधिक आवश्यकता है। हमें ज्यादा अक्षर-शिक्षा की आवश्यकता नहीं है। चरित्र बनाने वाली शिक्षा की ज्यादा आवश्यकता है। चरित्र निर्माण और नैतिक शिक्षा बाल्यकाल से ही देना चाहिये।

जिस ज्ञान को प्राप्त कर मनुष्य अपनी मान्यताओं, भावनाओं, आकांक्षाओं और आदर्श का निर्माण करता है, उसी ज्ञान को विद्या ज्ञान कहा जाता है। विद्या व्यक्ति को विनम्र बनाती है। साथ ही साथ प्रेम, स्नेह, सोहार्द, सरलता, दया, करुणा, परोपकार, श्रद्धा, आत्मविश्वास की अभिवृद्धि करती है। उसके अन्तरंग के स्तर को ऊंचा बनाती है।

अच्छे संस्कारों का सृजन

परिवार की पाठशाला में बच्चे को सुसंस्कारों की शिक्षा सम्पदा मिलती है।

बच्चों की सबसे पहली और प्रमुख पाठशाला होती है घर। घर के वातावरण में मिली शिक्षा बालक के सम्पूर्ण जीवन में काम आती है। घर के वातावरण की उपयुक्तता श्रेष्ठता पर ही बच्चों के जीवन में उत्कृष्टता निर्भर करती है। अच्छा स्वभाव, उसकी आदतें, सद्गुण, सदाचार, उत्कृष्ट जीवन के आधार हैं, जो पुस्तकों के पृष्ठों से, स्कूल, कॉलेजों बोर्डिंग हाऊस की दीवारों से नहीं मिलते, वरन् घर के वातावरण में ही सीखने को मिलते हैं।

अभिभावकों को चाहिए कि वे किशोरावस्था प्रारम्भ होने से पूर्व ही अपने बच्चों को अच्छे संस्कार डालना प्रारम्भ कर दें, जिससे कि किशोर अवस्था में उन्हें अभिभावकों का परामर्श एवं व्यवहार अस्वाभाविक अनुभव न हो। बाल्यकाल से बने मार्ग पर वे बिना किसी द्वन्द्व के आसानी से चलते चले जायेंगे। बाल्यकाल में से ही उनके मन-बुद्धि को जो दिशा दे दी जायेगी, किशोर अवस्था में भी उनकी गति उसी दशा में बनी रहेगी। मनुष्य के मन और बुद्धि गहरायी से पाये हुए मार्ग से सामान्यतः विचलित नहीं हो पाती, इसलिये बालकों पर अच्छे संस्कारों का सृजन बाल्यकाल में करना अभिभावकों के लिए सरल होगा।

हमारा व्यक्तिगत और राष्ट्रीय भविष्य इस बात पर निर्भर करता है कि हमारी भावी पीढ़ियाँ सुसंस्कृत हों।

अश्लीलता के जहर को फैलने से रोंके, करें प्रतिबन्धित पोर्नोग्राफी

आज अश्लीलता की बहुत खतरनाक स्थिति हमारे सामने है। ढेरों पोर्न साईट्स ने जिस तरह का आक्रमण देश-दुनिया पर किया है, वह कोरोना वायरस की महामारी से भी बड़ी महामारी बन गया है।

कोरोना वायरस तो शरीर पर अटैक करता है और उससे पीड़ित अधिकांश लोग स्वस्थ हो जाते हैं, लेकिन पोर्नोग्राफी का वायरस मानव मन-मस्तिष्क को प्रभावित कर उसकी विवेक बुद्धि का अपहरण कर उसकी सोच को विषाद बना देता है और उसे कुकृत्य के लिए उकसाता है।

मुट्ठी में मौजूद अश्लीलता

स्मार्ट फोन के माध्यम से मुट्ठी में मौजूद गन्दगी यानी अश्लीलता दुष्कर्म की घटनाओं के लिए एक बड़ी सीमा तक जिम्मेदार है। डिजिटल दुनिया की यह अश्लीलता इंसानी सोच-समझ को लील रही है। यह नीला जहर हमारे लिये बिना किसी रोक-टोक के सर्वसुलभ है। आज नौ साल के बच्चे से 80 वर्ष के बुजुर्ग तक थोक भाव से परोसी जा रही नग्नता के जाल में हैं। क्या महानगर, क्या नगर या कस्बा और गाँव-देहात सभी जगह तक विकृत

मानसिकता को पैदा करनेवाली यह अश्लील सामग्री अपनी जगह बना चुकी है। आज एक ओर कम उम्र के बच्चों की मासूमियत गुम हो रही है, वहीं दूसरी ओर युवाओं में यौन कुण्ठाएँ बढ़ रही हैं। जिसका असर समाज में महिलाओं के खिलाफ होने वाली आपराधिक घटनाओं में परिलक्षित हो रहा है।

आज की तारीख में अगर इण्टरनेट पर सर्च के नतीजों का अध्ययन करें तो पता चलता है कि पोर्न सामग्री सर्च में सबसे ऊपर है। वैसे भी यदि हम अपने आसपास इण्टरनेट इस्तेमाल करने वाले लोगों को देखें तो पाते हैं कि मोबाईल फोन पर अधिकांश डाटा का इस्तेमाल पोर्न देखने में होता है।

पोर्न-साइट ने तो सभी पवित्र नाते-रिश्तों की दीवारों को ढहाकर रख दिया है। ऐसा शायद ही कोई रिश्ता बचा हो, जहाँ शारीरिक सम्बन्ध बनाने के लिये इन पोर्न साइट्स ने प्रोत्साहित न किया हो। स्त्री को तो केवल वस्तु यहाँ तक कि वासना की मूर्ति बना डाला है।

पोर्न-साइट्स देखना तो आज कई लोगों का रूटीन बन गया है, लत बन चुकी है। उन्हें देखे बगैर बेचैनी महसूस करते हैं। कहीं-कहीं तो घर की तीनों पीढ़ियाँ पोर्न देखने की शौकीन बन चुकी है। पुत्र, पिता और दादाजी; तीनों एकदूसरे से छिपाकर पोर्न देखते हुए पाये गये हैं। और तो और बड़ी संख्या में महिलाएँ भी पोर्न का मजा लेती हैं। लड़कियाँ अकेली भी और ग्रुप के साथ भी पोर्न देखती हैं।

यह सब भयावह स्थिति का प्रतीक है। यदि इसे जल्दी ही समाप्त नहीं किया गया तो पोर्न का जहर समूचे समाज को विषाद कर देगा।

पोर्न साइट्स पर प्रतिबन्ध के बिना दुष्कर्म रोकना सम्भव नहीं

भारत में दुष्कर्म के लिये फांसी जैसी कड़ी सजा का प्रावधान करने के बावजूद भी दुष्कर्म पर लगाम नहीं लग पा रही है। इण्टरनेट पर परोसी जा रही अश्लीलता इसका प्रमुख कारण है। लाखों पोर्नसाइट्स हमारे बच्चों, किशोरों, युवकों को ही नहीं, प्रौढ़ों तक के दिमाग में विकृति ठूंस रही हैं, उसका ही यह निराशाजनक परिणाम है।

पोर्न साइट्स द्वारा अश्लीलता का जो वातावरण निर्मित किया गया है, उसका बुरा असर हमारे परिवारों पर पड़ रहा है। पारिवारिक रिश्तों की पवित्रता के सामने भी प्रश्न-चिह्न लगा दिया है। समय रहते यदि अश्लीलता के जहर को नहीं रोका गया और यदि यह पूरे घरों में पसर गया तो आनेवाली पीढ़ी हमें कभी माफ नहीं करेगी।

प्रकृति बचेगी तो ही हम बचेंगे

प्रकृति से ही मानव बना है और पर्यावरण का शोषण कर मानव परोक्ष रूप

से खुद का ही शोषण कर रहा है, जिसके दूरगामी परिणाम बड़े दुःखद होंगे। इसी तरह यदि मानव भूल करता रहा तो अभी तो पृथ्वी पर जीव और वनस्पति की एक हजार चालीस प्रजातियाँ ही खत्म हुई हैं, परन्तु आगे चलकर मानव सहित सभी प्राणी संकट में पड़ जायेंगे।

प्रकृति को बचाने के लिये मातृत्व भाव की जरूरत है। साथ ही माता के समान ममता और प्यार की जरूरत है, ताकि प्रकृति अपने आपको भरापूरा अनुभव करे तथा साथ ही मानव के आँचल तले स्वयं को सुरक्षित महसूस करे। पृथ्वी का प्रलय जिसका शास्त्रों में वर्णन है, के पीछे पहले भी कुछ ऐसे ही कारण रहे होंगे, जिसकी वजह से प्रलय की स्थिति बनी और फिर नये सिरे से सृष्टि का विकास प्रारम्भ हुआ। हम अपनी नादानियों या लापरवाही से दुनिया को वहीं पहुँचा देना चाहते हैं, जहाँ से वह बड़े परेशानियों से इस पायदान तक पहुँची है।

दुनिया के गर्म होने के कारण हिमालय में स्थित हिमनद तेजी से पिघलते जा रहे हैं और हिमनदों का सिकुड़ना भारत के लिये अशुभ संकेत है, इसका सीधा असर देश की सम्पूर्ण जलवायु, जलस्रोतों, उद्योगों और लोगों के जीवनयापन पर पड़नेवाला है। हम इसी तरह पृथ्वी के वातावरण को गर्म करते रहे तो पृथ्वी का विनाश एक दिन प्रलय के रूप में होगा। प्रकृति ने अभी तो कोरोना महामारी के रूप में केवल अपना गुस्सा व रोष का व्यक्त भर किया है। अब यह मानव के ऊपर निर्भर है कि वह चाहे तो प्रलय को न्यौता दे या उसे टालकर भावी पीढ़ियों को जीवन की मधुर मुस्कान सौंपे। धन-दौलत, महल-अटारियाँ, विरासत में देकर क्या होगा, जब जीवन ही नहीं रहेगा। इसलिये कोरोना महामारी या प्रलय जैसी स्थिति से भावी पीढ़ियों को बचाने के लिये एक स्वस्थ, प्रदूषणरहित और जीने लायक पर्यावरण आगामी पीढ़ी को विरासत में देना होगा, ताकि वह सुख-शान्ति से जी सके और कोरोना महामारी जैसी घटनाओं की पुनरावृत्ति न हो सके।

आदतों को दुलत्ती मारो - बचाओं भावी पीढ़ी को:

संयुक्त राष्ट्र संघ ने 05 जून 2009 के विश्व पर्यावरण दिवस पर नारा दिया था - आदतों पर दुलत्ती मारो (Kit The Habit) लेकिन इस पर किसी भी देश ने अमल नहीं किया।

विश्वभर के वैज्ञानिक इस बात पर एकमत है कि वातावरण में बढ़ रही कार्बनडाईआक्साइड की सांद्रता के कारण जलवायु में परिवर्तन महसूस किया जाने लगा हैं। इस जलवायु परिवर्तन या वैश्विक तपन के पीछे मनुष्य की वे आदतें जिम्मेदार हैं, जो वातावरण में कार्बन के पदचिन्ह छोड़ जाती हैं। इन आदतों को दुलत्ती नहीं मारी गई तो सम्पूर्ण मानवता का अस्तित्व ही खतरे में पड़ जाएगा। देशों

की अर्थव्यवस्थाएँ छिन्न-भिन्न हो जाएगी। प्राकृतिक आपदाएँ बढ़ जाएँगी। इन आपदाओं में जैसे सूखा, बाढ़, जल संकट, खाद्यान्न संकट आदि की बारम्बारता ये संकेत दे रही है कि मामला हद से ज्यादा गुजर चुका है।

आदतों को दुलत्ती मारने से तात्पर्य अपनी उस जीवनशैली या आदतों को बदलने से है, जिसकी वजह से वातावरण प्रदूषित होता है। इस संबंध में कुछ लोगों का तो यहाँ तक कहना है कि आज जो कोरोना त्रासदी आयी है, वह वैज्ञानिकों द्वारा दी गई चेतावनी - 'आदतों को दुलत्ती मारों' की अनदेखी का ही परिणाम है और अब भी हम नहीं संभले तो भविष्य में कोरोना जैसी ही किसी महामारी के शिकार हो सकते हैं।

प्रकृति प्रकोप का डंडा, सीख ले लें

भारतीय संस्कृति के नजरिए से हम देखें तो यह सत्य है कि हमारी संस्कृति ने कभी हमें प्रकृति से प्रतिद्वंद्विता करना नहीं सिखाया। हम प्रकृति के सामने उसी प्रकार नत मस्तक होते आए हैं जैसे शिष्य अपने गुरु के सामने होता है और उनके आदेशों को स्वीकार करता है, उन पर अधिकार जमाना हमारा उद्देश्य कभी नहीं रहा। लेकिन अब कही हम यह भूल गए और परिणामस्वरूप कुपित प्रकृति के प्रकोप का डंडा झेलना पड़ रहा है। हमें प्रकृति के संकेतों को समझना होगा। इस बात को भलीभांति समझाने के लिए एक दृष्टांत प्रस्तुत है।

आश्रम में एक शिष्य ने झाड़ू लगाकर कचरा एक टोकरी में भरकर रख दिया। वह किसी अन्य कार्य में उलझ गया और टोकरी वहीं रखी रह गई। कचरे फेंकने की बात याद नहीं रही। कुछ समय बाद गुरुजी उधर से निकले और टोकरी से टकरा कर गिर पड़े। इस पर गुरुजी ने शिष्य को डंडे से खूब पीटा। शिष्य वहाँ से हटा नहीं और क्षमा मांगते हुए शांति से प्रहार सहता रहा। डंडे की चोट का निशान शिष्य की पीठ पर जीवन भर के लिए अंकित हो गया। लोगों के पूछने पर वह शिष्य बड़े गर्व से कहता था - "यह तो मेरे गुरुजी का दिया गया प्रसाद हैं। क्या आप जानते हैं? वे गुरु-शिष्य कौन थे श्री विरजानंद जी सरस्वती और शिष्य थे स्वामी दयानंद सरस्वती। वे जानते थे कि शिष्य को सुधारने के लिए गुरुजी कितने भी क्षुब्ध हो जाएँ, परन्तु उनके हृदय में द्वेष नहीं होता वहाँ केवल प्रेम और वात्सल्य ही भरा होता है।

कबीरदास जी ने ठीक ही कहा है -

गुरु कुम्हार, शिष्य कुंभ है, गढ़ि-गढ़ि काढ़े खोट।
अन्तर हाथ सहारदे बाहर नाहै चोट।।

प्रकृति को जीतने का दुस्साहस न करें

मनुष्य अपने बुद्धिबल और धनबल के अहंकार से ग्रसित होकर अपने आपको सर्वशक्ति मान प्रकृति के विपरीत जाकर उसे जीतना चाहता है और अपनी इच्छानुसार कार्ययोजना बनाता है। लेकिन प्रकृति बनावटी कार्ययोजना या लक्ष्य को जरा में ध्वस्त कर देती है। देखिए माइकल जैक्सन का उदाहरण -

माइकल जैक्सन 150 साल जीना चाहता था। वो डेढ़ सौ साल तक जीने के लक्ष्य को लेकर चल रहा था।

अपनी देखरेख करने के लिए उसने अपने घर पर 12 डॉक्टर्स नियुक्त किए हुए थे। जो उसके सर के बाल से लेकर पांव के नाखून तक की जांच प्रतिदिन किया करते थे। उसका खाना लैबोरेट्री में चेक होने के बाद उसे खिलाया जाता था। स्वयं को व्यायाम करवाने के लिए उसने 15 लोगों को रखा हुआ था।

किसी से हाथ मिलाने से पहले दस्ताने पहनता था। लोगों के बीच में जाने से पहले मुँह पर मास्क लगाता था। माइकल जैक्सन अश्वेत था, उसने 1987 में प्लास्टिक सर्जरी करवाकर अपनी त्वचा को गोरा बनवा लिया था। अपने काले माँ-बाप और काले दोस्तों को भी छोड़ दिया। गोरा होने के बाद उसने गोरे माँ-बाप को किराए पर लिया और अपने दोस्त भी गोरे बनाए। शादी भी गोरी औरतों के साथ की। नवम्बर 15 को माइकल ने अपनी नर्स डेबी रो से विवाह किया, जिसने प्रिंस माइकल जैक्सन जूनियर (1997) तथा पेरिस माइकल केथरीन (3 अप्रैल 1998) को जन्म दिया।

हमेशा ऑक्सीजन वाले बेड पर सोता था। उसने अपने लिए अंगदान करने वाले डोनर भी तैयार कर रखे थे। जिन्हें वह खर्चा देता था, ताकि समय आने पर उसे किडनी, फेफड़े, आँखें या किसी भी शरीर के अन्य अंग की जरूरत पड़ने पर वह आकर दे दें। उसको लगता था कि वह पैसे और अपने रसूख की बदौलत मौत को भी चकमा दे सकता है, लेकिन वह गलत साबित हुआ। 25 जून, 2009 को उसके दिल की धड़कन रुकने लगी, उसके घर पर 12 डॉक्टर की मौजूदगी में हालत काबू में नहीं आए, सारे शहर के डॉक्टर उसके घर पर जमा हो गए, वह भी उसे नहीं बचा पाए।

उसने 25 साल तक डॉक्टर की सलाह के विपरीत, कुछ नहीं खाया। अंत समय में उसकी हालत बहुत खराब हो गई थी। 50 साल तक आते-आते वह पतन के करीब ही पहुँच गया था और 25 जून, 2009 को वह इस दुनिया से चला गया। जिसने अपने लिए डेढ़ सौ साल जीने का इंतजाम कर रखा था। उसका इंतजाम धरा का धरा रह गया। जब उसकी बॉडी का पोस्टमार्टम हुआ तो डॉक्टर ने बताया कि, उसका शरीर हड्डीयों का ढांचा बन चुका था, उसका सिर गंजा था, उसकी पसलियाँ कंधे हड्डीयाँ टूट चुके थे, उसके शरीर पर अनगिनत सुई के निशान थे, प्लास्टिक सर्जरी के कारण होने वाले दर्द से छुटकारा पाने के लिए एंटीबायोटिक वाले दर्जनों इंजेक्शन उसे दिन में

लेने पड़ते थे। माइकल जैक्सन की मृत्यु 25 जून, 2009 को 03:15 दोपहर पर हुई। उसकी अंतिम यात्रा को 2.5 अरब लोगों ने लाइव देखा था। यह अब तक की सबसे ज्यादा देखे जाने वाला लाइव ब्रॉडकास्ट है।

स्पष्ट है कि हमें अपने जीवन को बिना किसी आडम्बर या बनावटी ढंग से सहजता से जीना चाहिए। ईश्वर के सामने बनावटीपन नहीं चलता, होता वही है जो ईश्वर चाहता है। गोस्वामी तुलसीदास जी ने ठीक ही कहा है -

होइहि सोइ जो राम रचि राखा।

बचे अहंकार के विष वृक्ष से

एक राजा था। उसने एक बड़ा सुंदर बगीचा बनाया। उसमें उसने सत्य, प्रेम, ईमानदारी और सच्चाई, भक्ति, ज्ञान इत्यादि के पौधे लगाए। इन पौधों की राजा स्वय देखभाल करता। उनमें खाद-पानी देता। पौधे बड़े होने लगे। उन पर फूल खिले। उन फूलों में ऐसी महक थी कि सारा नगर, राज्य महक उठा। चारों ओर राजा की बड़ाई होने लगी। उसकी जय-जयकार होने लगी। राजा फूलकर कुप्पा हो गया। कुछ ही दिनों में राजा ने देखा कि एक नन्हा सा पौधा अपने आप उग आया है। बड़े-बड़े पौधा के बीच उस पौधे का क्या मूल्य हो सकता था। राजा ने उस ओर ध्यान नहीं दिया। जब वह पौधा तेजी से बढ़ने लगा तो राजा ने उसे उखाड़ने की कोशिश नहीं की, सोचा, कोई बात नहीं है पड़ा रहने दो। थोड़े दिन बीते ही उसने वृक्ष का रूप धारण कर लिया। उस पर फूल खिले। फूल इतने सुन्दर थे कि जो भी देखता, देखता रह जाता, लेकिन उनमें इतनी भयंकर दुर्गंध थी कि लोगों का सहन करना कठिन था। वे नाक बंद कर लेते। राजा हैरान था कि यह वृक्ष कौनसा है कि जिसके फूल तो इतने सुंदर हैं पर जिसकी गंध इतनी असहनीय है। उसने बहुतों से पूछा, पर कोई नहीं बता सका। एक दिन एक साधु राजा के यहाँ आया। राजा ने उसे वह वृक्ष दिखाया और पूछा कि वह किस चीज का है? साधु ने इस पर निगाह डाली, फिर हंसकर बोला, 'राजन' यह अहंकार का विष-वृक्ष है। इसे लगाने की जरूरत नहीं पड़ती। यह अपने आप उग आता है और तेजी से बढ़ता है। इसके फूल बड़े लुभावने होते है, लेकिन इनकी बदबू इतनी होती है कि दूसरे फूलों को मिट्टी में मिटा देती है। इससे जो बचता नहीं, उसकी वैसी ही हालत होती है, जैसे आपके बगीचे की हुई है।

औरों के लिए भी जीना सीखें:

एक बार भगवान बुद्ध किसी गाँव में प्रवचन दे रहे थे। दूर-दूर से लोग उनके प्रवचन सुनने को आए थे। उनके प्रवचन सुनकर कई लोगों ने एक नई जीवन-दृष्टि पाकर पवित्र जीवन जीने का संकल्प लिया था। कई लोग एक गाँव की गलियों से होकर बुद्ध के प्रवचन सुनने जा रहे थे। गांव की उस गली में एक गरीब व्यक्ति भी रहता था।

एक दिन उस गरीब व्यक्ति ने भी भगवान बुद्ध से मिलने का निश्चय किया। दूसरे ही दिन वह उस स्थल पर पहुँच गया, जहाँ बुद्ध के प्रवचन चल रहे थे। वहाँ जाकर उसने देखा कि लोग अपनी समस्याओं व परेशानियों के समाधान को लेकर भगवान बुद्ध से मिल रहे हैं। भगवान बुद्ध बड़े ही शांत मन से उन सबकी बातें सुनकर उन्हें समाधान बता रहे थे। वह गरीब व्यक्ति भी अपनी बारी की प्रतिक्षा कर रहा था।

अंततः उस व्यक्ति की बारी आ गई। वह भी अब तथागत के सम्मुख खड़ा था। उन्हें नमन करते हुए वह व्यक्ति बोला - ''महात्मन्! ईश्वर ने सबको इतनी खुशियाँ दी हैं, धन-धान्य दिया हैं, पर ईश्वर ने मुझे इतनी गरीबी और दुःख-दर्द क्यों दिया है ? मैंने भला ऐसा कौन सा पाप कर्म किया है, जिसके कारण मैं गरीबी और दुःखों से भरा जीवन जीने के लिए विवश हूँ।'' भगवान बुद्ध का उत्तर - ''उस गरीब की बात सुनकर भगवान बुद्ध करूणाभरे भाव से बोले - ''वत्स! क्या तुमने कभी किसी को कुछ दिया है?'' वह बड़े आश्चर्य से महात्मा बुद्ध की ओर देखकर बोला - ''प्रभु! भला मैं किसी को क्या दे सकता हूँ, मेरे पास किसी को देने को है ही क्या ? मैं तो स्वयं बड़ी मुश्किल से अपना व अपने परिवार का भरण-पोषण कर पाता हूँ। कई बार तो हमारे पूरे परिवार को भूखे पेट ही सोना पड़ता है। ऐसे में मैं भला किसी को क्या दे सकता हूँ?''

यह सुनकर तथागत बोले - ''भगवान ने तुम्हें सुंदर चेहरा दिया है, जिससे तुम लोगों को मुस्कराहट दे सकते हो, भगवान ने तुम्हें जवान मुख दिया है, जिससे तुम लोगों की प्रशंसा कर सकते हो, भगवान ने तुम्हें दो हाथ दिए हैं, जिससे तुम लोगों को मदद कर सकते हो। जिसके पास ये तीन चीजें हैं, वह भला गरीब कैसे हो सकता है ? तुम लोगों को देना सीख लो, उनकी मदद करना शुरु कर दो। अपनी मुस्कुराहट और प्रशंसा के शब्द लोगों में बाँटना शुरु कर दो। अपने दोनों हाथों से लोगों को जितनी मदद कर सकते हो, करना शुरु कर दो। फिर तुम कभी गरीब नहीं रहोगे। ये गरीबी और दरिद्रता हमेशा-हमेशा के लिए तुमसे दूर हो जाएँगी। इस कर्म को अपने जीवन में उतारने वाला कभी भी गरीब नहीं रह सकता।''

उस व्यक्ति को अब अपनी समस्या का समाधान मिल चुका था। उसे अपनी गरीबी और दुःख के कारणों का पता चल चुका था। उस दिन से उसके जीवन की दिशाधारा बदल गई। वह, वह नहीं रहा, जो वह अभी-अभी बुद्ध से मिलने के कुछ पल पूर्व तक था। उसकी जीवन-दृष्टि बदल चुकी थी और जीवन की दिशा भी। वह भी अब लोगों की सेवा में, सहायता में निरत रहने लगा। लोगों को खुशी देकर वह भी प्रसन्न रहने लगा। कड़ी मेहनत व पुरुषार्थ के बल पर वह भी औरों की तरह समृद्ध व सुखी हो गया।

निश्चित ही हममें से हर कोई इसे अपने जीवन में अपनाकर अनंत गुनी खुशियाँ पा सकता है। दूसरों को देने से ही व्यक्ति के अंदर देवत्व की अभिवृद्धि होती है, जो दूसरों को देता है उसे प्रकृति उससे कई गुना अधिक वापस करती है। देने से ही

हमारे अंदर देवत्व का जागरण होता है, जिससे हमारा स्वयं का जीवन भी महक उठता है, खिल उठता है। हम स्वयं के लिए ही नहीं, औरों के लिए भी जीना सीखें। स्वयं के लिए पशु-पक्षी व अन्य प्राणी भी जी लेते हैं, पर मनुष्य विधाता की सर्वोत्कृष्ट कृति है, और हमें इस जगत में रहते हुए अपनी मानवता का परिचय अपने आचरण से देना ही चाहिए।

सोचें, समझें और खत्म करें दानवता का साम्राज्य अन्यथा आगामी महामारी के लिए तैयार रहें -

आज दानवता का साम्राज्य चारों ओर फैला है। सोचने का तरीका यह है कि अपना लाभ बढ़ाने के लिए दूसरों का कितना ही बड़ा अहित क्यों न हो, उसकी परवाह नहीं करनी चाहिए और जैसे भी बने वैसे अपना स्वार्थ साध लेना चाहिए। दानव होने का यही लक्षण है। वर्तमान समय में जालसाजी और ठगविद्या एक प्रकार से चतुरता और बुद्धिमत्ता का अंग बनती चली जा रही है, व्यापार में धोखेबाजी का समन्वय अब तक एक आम बात बन रही है। कहना कुछ, दिखाना कुछ, देना कुछ, यह तीन तरह का व्यवहार करना दुकानदारों की एक आम नीति है। खाद्य पदार्थों और औषधियों तक में जो घृणित प्रकार की मिलावटें होती हैं, उससे उपभोक्ताओं का स्वास्थ्य चौपट होता है तो इसकी परवाह किए बिना व्यापारी निधड़क अपना उल्लू सीधा करते रहते हैं। न्याय की रक्षा के लिए बने हुए न्यायालय के कर्मचारी किस प्रकार रिश्वत में अन्याय को प्रश्रय दिए हुए हैं, यह किससे छिपा है? मित्र-मित्र के बीच स्वार्थसाधन की शतरंजी चाल चली जाती रहती है। इस दृष्टि से अब मित्रता विश्वासघात और धूर्तों की एक चाल बनती जा रही है। घर-परिवार में भी यही नीति बरती जाती है। पिता-माता तभी तक अच्छे लगते हैं, जब तक वे कमाते और खिलाते हैं, जब वे अशक्त हो जो हैं, तो भाररूप लगते हैं। उनके मरने की, खर्च घटने की मनौती मानी जाती है।

समाज में कुछ लोग दूसरों का धन, दूसरों का शील, सतीत्व हरण करने के लिए घात लगाए बैठे रहते हैं और जब जिसे जहाँ अवसर मिलता है, अपना दाव लगाने में चूकता नहीं। दूसरें की कठिनाइयों और परिस्थितियों पर सहानुभूतिपूर्वक विचार करने की क्षमता घटती जा रही है। ऐसी परिस्थितियों में निष्ठुरता पनपे और मनुष्य पापी, अपराधी एवं दुष्ट बनता चला जाए, तो आश्चर्य की क्या बात है।

प्रकृति से छेड़छाड़, वायु, जल, ध्वनि, विचार प्रदूषण, अत्याचार, दुष्कर्म जैसे दानवी कृत्य के स्थान पर मानवता की पुनर्स्थापना नहीं हो जाती तब तक कोराना या अन्य किसी तरह की महामारी आती रहेगी।